AF367771

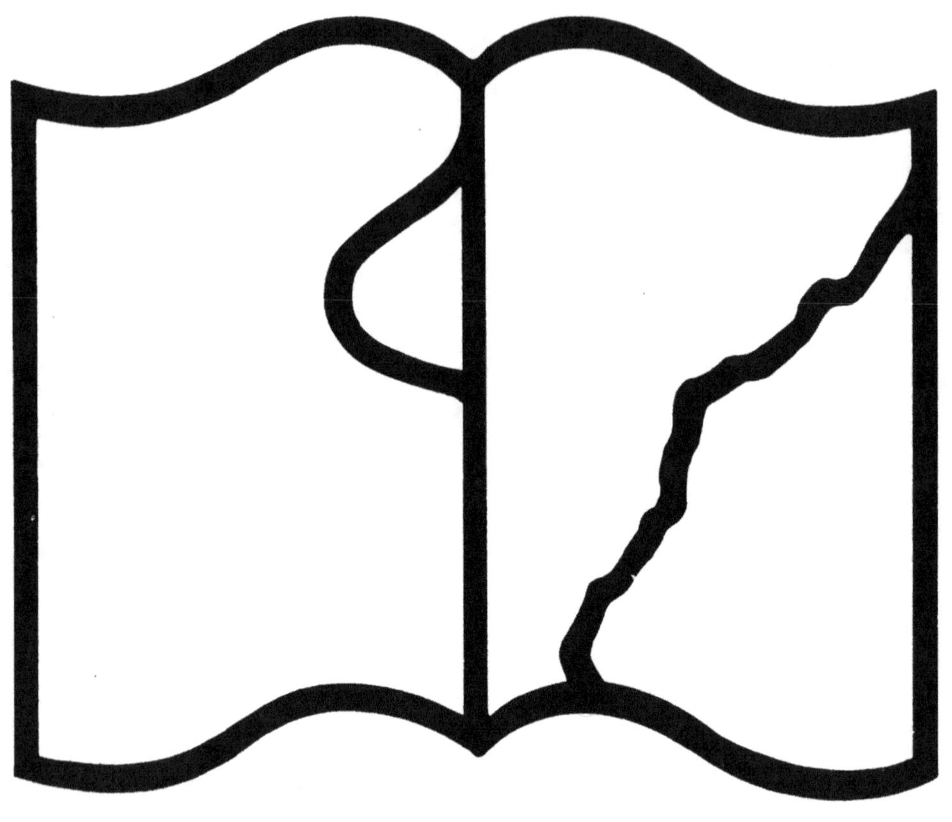

Texte détérioré — reliure défectueuse

NF Z 43-120-11

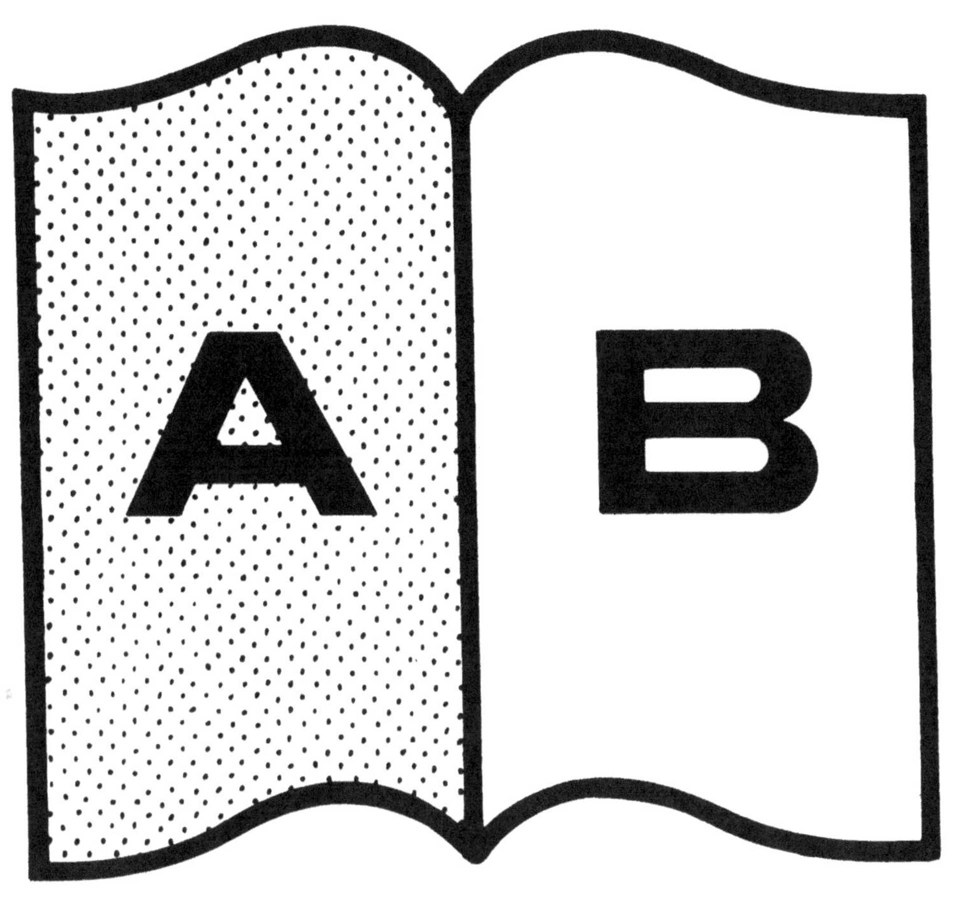

Contraste insuffisant

NF Z 43-120-14

MORTS POUR LA FRANCE

ANDRÉ BESSAND

CAPORAL AU 119ᵉ RÉGIMENT D'INFANTERIE

1889~1916

JEAN BESSAND

SOUS-LIEUTENANT AU 43ᵉ RÉGIMENT D'ARTILLERIE

1886~1918

hommage à Mr Maurice Barrès
août 1919
Paul Bessand

MORTS POUR LA FRANCE

✻

ANDRÉ BESSAND

CAPORAL AU 119ᵉ RÉGIMENT D'INFANTERIE

1889 - 1916

JEAN BESSAND

SOUS-LIEUTENANT AU 43ᵉ RÉGIMENT D'ARTILLERIE

1886 - 1918

Janvier 1919

Après les quatre années terribles que nous avons subies, maintenant que le canon s'est tu et que, le soir, on n'est plus inquiété par le clair de lune favorable aux Gothas, on éprouve le besoin de se détendre. On réfléchit aussi, on jette un regard en arrière et l'on épilogue volontiers sur la prodigieuse aventure d'où nous sortons avec la victoire.

Oui, nous avons remporté la victoire, malgré un déplorable manque de préparation, malgré les inconvénients inévitables d'une coalition multiple, malgré que l'unité de commandement nous manquât aux heures les plus graves.

On a le droit de se demander comment nous avons pu vaincre un ennemi à qui rien ne manquait et qui bénéficiait de la surprise. Pour que nous ayons pu durer, tenir dans les mauvais jours, persévérer avec une si belle énergie, il doit y avoir de bonnes raisons.

Vous les trouverez dans les lettres intimes de nos soldats. Celles de Jean et d'André Bessand nous révèlent ces forces cachées de notre race qui ont sauvé la France.

Il m'en souvient, il y a de cela une vingtaine d'années, alors la veulerie était la seule forme admise de politique extérieure, le pacifisme était une doctrine que l'Université, les intellectuels, les snobs, les fatigués, prêchaient, et un de mes amis, un vieil et bon

IV

Français, me disait ses craintes : « La France s'en va, elle ne saura
plus combattre, elle perdra son rang de grande nation. » Et moi de lui
répondre : « Ne craignez rien, nous sommes des Gaulois que rien ne
peut changer. Une propagande imbécile ne pourra altérer le fond de
notre race qui, lorsque l'heure de l'effort sonnera, se révélera telle
qu'elle a toujours été, fière et courageuse. »

Cela est arrivé.

Au moment critique où l'on pouvait craindre la faillite de la
famille française, la bonne France, comme une mère qui veut sauver
les siens de la banqueroute, apporta tous les joyaux qu'elle tenait en
réserve. Elle les « réalisa », et elle paya les créanciers, et elle sauva
même ceux qui s'étaient mis dans son affaire. Sans notre vaillante
jeunesse, sans nos solides réservistes et territoriaux, le Boche nous eût
réduits en esclavage.

Mais il devait compter avec cette race d'élite qu'est la nôtre. Il ne
nous connaissait pas. Mais nous connaissions-nous nous-mêmes? Il a
fallu les duretés de l'adversité et les âpretés de la lutte pour que nous
fût dévoilé à nous-mêmes ce que nous valions.

C'est non seulement avec émotion que j'ai lu les lettres de Jean et
d'André Bessand, mais avec respect pour tant de grandeur dans la
simplicité, et aussi avec le plaisir qu'éprouve un patriote comme moi à
recueillir des preuves éclatantes de la bonté de notre race.

On l'a dit souvent : nous trompons notre monde. Par un goût de
la plaisanterie, de l'ironie et peut-être une sorte de pudeur, nous
dissimulons nos qualités intérieures sous un extérieur que nous nous
composons. Mais au feu de l'épreuve nous apparaissons souvent bien
meilleurs qu'on ne l'imaginait.

Jean Bessand, que j'ai mieux connu que son cadet, était si simple,
si modeste, si attentif, si sérieux, si désireux de bien faire, que l'on
pouvait en attendre les plus beaux gestes. Ses lettres le peignent avec un
sentiment du devoir jamais en défaut, une affection toujours en éveil,

qui s'étend non seulement aux siens, mais à ses camarades. En quels termes il parle de son ami Tripet dont j'aperçois, dans la brume du souvenir, la nerveuse silhouette et le franc sourire!

Avec quelle tendresse il console ses parents, sa vaillante mère, lorsque son André, prisonnier en Allemagne, sacrifie sa vie pour sauver un camarade qui se noyait! Et André, avec quel entrain il a fait la guerre! Comme les lettres de ces braves enfants me la font voir, la guerre, et nos soldats tels qu'ils sont!

Amis des Bessand, lisez ces lettres avec attention. Elles vous feront du bien, elles relèveront la patrie française dans votre estime, elles vous la feront aimer encore plus.

Quant aux parents de Jean et d'André, ils peuvent être sûrs que leurs fils les suivent toujours d'un regard affectueux et, dans leur douleur, ils ont le droit d'être fiers de leurs enfants.

GABRIEL **BONVALOT**.

André Bessand

EXTRAIT

DE

L'ORDRE DU RÉGIMENT Nᵒ 276

en date du 3 Juin 1916

Le colonel de MONTLUISANT, commandant le 119ᵉ régiment d'infanterie, cite à l'*Ordre du régiment* :

Le caporal BESSAND ANDRÉ, matricule 5975, de la 2ᵉ Compagnie :

« Au front depuis le mois d'octobre 1914, gradé d'un calme et d'un sang-froid remarquables. Le 14 avril 1916, un de ses hommes ayant été blessé en posant des défenses accessoires avec lui, à 50 mètres de l'ennemi, est allé chercher un brancardier et a aidé ce dernier à emporter le blessé jusqu'à la tranchée voisine, malgré les balles qui sifflaient à leurs oreilles ».

Pour extrait, certifié conforme :

Aux Armées, le 12 Juillet 1916.

Le Chef d'Escadron DUTECH,
commandant provisoirement le 119ᵉ Régiment d'Infanterie :

Signé : DUTECH.

ANDRÉ BESSAND

1889-1916

AU DÉPOT

CHER PAPA,

Pas encore habillés, mais nous avons fait un semblant de travail aujourd'hui : marche, repos, puis vague théorie par des adjudants de réserve...

Après-midi, transport de vêtements d'une caserne à l'autre, agrémenté d'attentes interminables.

Quelle chaleur !

Avez-vous des nouvelles de Jean, quelle est son adresse ?

Lisieux, 18 Août 1914.

CHÈRE MAMAN,

Nous ne sommes encore habillés qu'en bourgerons et commençons à faire un peu d'exercice, mais à très petite dose...

Lisieux, 27 Août 1914.

CHER PAPA,

Je commence à avoir moins de temps libre maintenant, parce que l'on nous fait travailler et que le soir je suis fatigué...

Nous sommes à la caserne environ 80 qui n'avons jamais fait de service ; on nous a réunis par sections d'une vingtaine sous les ordres d'un sergent.

Depuis dimanche, un lieutenant est chargé de faire travailler « les Bleus », de sorte que nous faisons maintenant des exercices, de la gymnastique, etc... de 6 à 9 heures le matin et de 1 heure à 4 heures le soir; j'aime mieux cela que de rester inactif à la caserne...

Il y a beaucoup trop d'hommes, on ne sait où les loger...

Mais, heureusement, pour ma part je n'ai pas à me plaindre (du moins pour l'instant) et tu peux être rassuré au point de vue de la nourriture : je n'ai jamais tant mangé de ma vie!...

Vu le nombre d'hommes, *et ma tête sympathique*, j'ai obtenu du lieutenant la permission de coucher en ville pendant huit jours; c'est un commencement.

Il y a ici parmi les *bleus* un certain nombre de *sursis*, étudiants comme moi; nous formons *l'élite* du régiment et l'on veut, je crois, faire de nous des caporaux pour instruire la classe 1914 qui arrivera dans un mois.

Il est donc probable que nous resterons ici encore pendant un certain temps...

Lisieux, 13 Septembre 1914.

MA CHÈRE MAMAN,

Je vous ai, en effet, délaissés quelque peu, mais tu ne peux pas te rendre compte à quel point cette vie de caserne est déprimante... C'est rempli d'imprévu. D'ailleurs, nous sortons moins souvent, moins facilement et, quoique on y perde beaucoup de temps, il est bien difficile de rassembler quelques idées pour écrire une lettre à la caserne. Il y manque *un petit coin* où l'on pourrait être tranquille pendant les heures de repos... Comme on est *loin* du " home " et comme on le regrette!... Aussi, dès que je peux fuir la caserne, je fais un petit tour en ville et je file dans ma chambre; mais le sommeil se fait vite sentir...

Je ne te raconte pas ces détails pour t'apitoyer sur mon sort; je sais, hélas! qu'il y a des quantités innombrables de gens beaucoup plus malheureux que moi et que je suis privilégié... Vous-mêmes, mes pauvres parents, comme vous devez

être tristes, isolés et sans nouvelles de ceux qui vous sont chers!
Par bonheur vous êtes courageux et supportez vaillamment
votre douleur... après beaucoup d'autres chagrins!...

Heureusement, je crois que Paris n'est plus menacé. Enfin,
Herblay, dont papa me parlait avec émotion dans une lettre,
sera épargné et nous n'avons plus qu'à souhaiter de nous y
retrouver tous l'été prochain...

Continuez à me donner souvent de vos nouvelles. Je lis et
relis toujours vos lettres avec bonheur — même quand elles sont
empreintes de tristesse — elles m'élèvent un peu au-dessus de
ce milieu abrutissant.

Lisieux, 30 Septembre 1914.

CHER PAPA,

Me voici maintenant au même rang que les réservistes et, à
la suite d'une revue d'un général, on nous entraîne *jusqu'à la
gauche.*

Lisieux, 4 Octobre 1914.

CHER PAPA,

Impossible écrire : marches, manœuvres de jour et de
nuit!...

La mort de Jean Hillemacher m'a beaucoup impres-
sionné... J'écrirai à sa mère dès que je pourrai...

Lisieux, 11 Octobre 1914.

MA CHÈRE MAMAN,

J'espère que papa ne m'a pas donné une fausse joie et que
tu es décidée à affronter le voyage de Lisieux. Surtout ne tarde
pas; je ne sais rien de précis au sujet de la date de mon départ,
mais il est possible qu'il se fasse un jour ou l'autre sans que
j'en sois prévenu d'avance.

Hier, le commandant des troupes de Lisieux nous a

passés en revue et notre lieutenant lui a dit que nous serions
mobilisables d'ici dix jours... Enfin je pense encore pouvoir
t'embrasser avant mon départ.

17 Octobre 1914.

CHER PAPA,

J'ai bien regretté que tu n'aies pu venir me voir avant mon
départ, mais j'ai été bien heureux de dire un dernier adieu à
maman. Quel hasard inespéré! Malgré son courage, ma
pauvre maman a dû ressentir un grand chagrin lorsque je lui ai
annoncé mon départ et je songeais avec peine à son voyage de
retour!...

Sommes partis hier soir à 10 heures et arrivons à Noisy-
le-Sec; il est donc probable que nous allons du côté de Reims :
Berry-au-Bac...

On n'a pas beaucoup dormi pendant le voyage; tout le
monde est très gai, comme d'habitude... Emportons six jours de
vivres...

SUR LE FRONT

21 Octobre 1914.

CHÈRE MAMAN,

Après les marches pénibles dont je vous ai parlé (une cinquantaine de kilomètres au nord-ouest d'Épernay où nous étions venus en chemin de fer), nous sommes arrivés, ici, à environ deux kilomètres de la ligne de feu.

Nous sommes au repos et partirons demain soir, dans les tranchées, remplacer ceux qui y sont depuis quatre jours. Ces tranchées sont à une *vingtaine* de mètres des tranchées allemandes, séparées de celles-ci par le canal. Nous y passerons quatre jours, puis nous nous reposerons pendant quatre jours, et ainsi de suite...

Comme le canal nous sépare de l'ennemi, et que de nombreuses attaques ont été repoussées de part et d'autre, chacun reste tranquille de son côté. On entend de temps en temps tirer quelques coups de canon, ce qui nous rappelle que nous sommes en guerre...

25 Octobre 1914.

CHER PAPA,

Nous allons partir d'ici une demi-heure pour les tranchées. Le temps est très clair, les canons ont tonné un peu de tous les côtés et nous venons d'assister à un court duel d'aéros, sans résultat. Cinq où six avions ont circulé au-dessus de nos têtes, passant d'un côté à l'autre des lignes de feu pour donner des indications aux batteries d'artillerie; c'est très intéressant à suivre, tant que l'on ne reçoit rien sur la tête...

Ceux qui ont été aux tranchées sont tellement rassurants que j'y pars sans grande appréhension et avec la certitude de revenir ici dans quatre jours...

Nous sommes au nord-ouest de Reims, près de la route de Reims à Laon, à côté du village de Corroy...

30 Octobre 1914, 14 heures.

Chère maman,

En hâte quelques mots sur les derniers événements : mardi soir, nous rentrions des tranchées avancées et allions au cantonnement; la nuit fut pluvieuse et nous avions été trempés. Vers sept heures nous nous couchions, lorsque l'on nous dit : « Sac au dos, préparez-vous à partir ». Une fusillade assez intense se faisait entendre du côté du canal; départ dans la nuit; nous entendons bientôt le sifflement des balles et nous nous couchons dans un champ de betteraves (trempées comme par hasard!...) Il faisait très froid et la position n'était pas confortable, je t'assure; les balles passaient autour de nous. Vers trois heures du matin, le colonel nous harangue, disant que les Boches ont passé le canal et sont dans un petit bois non loin d'ici : nous devons les déloger de là, à la baïonnette, au petit jour! Nous partons donc par un chemin défilé, sans grande confiance dans la réussite de notre attaque, et arrivons dans une plaine en face du bois; les balles sifflent dans la nuit (impression désagréable). Nous avançons par bonds, puis un contre-ordre est donné : une compagnie doit faire demi-tour et rester en réserve derrière une route (celle de Reims à Berry-au-Bac) et c'est heureusement la nôtre. Nous allons donc nous coucher derrière les retranchements qui y sont déjà commencés. La fusillade continue très intense, les balles sifflent, les mitrailleuses donnent, c'est terrible, mais on s'y habitue!...

Enfin, vers les cinq heures, les nôtres battent en retraite et viennent nous rejoindre, laissant sur le terrain pas mal de blessés...

La fusillade cessa vers sept heures et tout rentra dans un grand calme...

Ces combats dans la nuit, pendant lesquels on n'entend que le bruit des fusils, sont bien pénibles; plus pénible est encore le spectacle des blessés qui reviennent en se traînant, ou soutenus par des camarades...

Le repos est ici la chose la plus rare. Nous ne cessons, depuis ce matin, de faire de grands travaux de terrassements. La nuit dernière, nos canons ont inondé de projectiles le bois dans lequel sont les Boches; c'était magnifique à voir et aujourd'hui quelques gros obus allemands sont venus tomber près de nous; on regarde la terre sauter, on se couche lorsque cela tombe trop près, mais cela ne vous impressionne plus beaucoup...

31 Octobre 1914.

CHERS PARENTS,

Je continue mes travaux de terrassements, qui sont excellents pour la santé...

4 Novembre 1914.

CHÈRE MAMAN,

J'ai reçu, hier, le vrai baptême du feu et je t'assure que c'est bien angoissant! Après deux jours (ceux qui suivirent l'attaque de nuit dont je t'ai parlé), passés au bord de la route où notre temps fut employé à creuser des abris et faire des créneaux, nous nous sommes retirés un peu en arrière dans des tranchées, soi-disant pour nous reposer. Après ce repos illusoire, nous sommes partis, lundi soir, pour des tranchées assez avancées. Nous étions relativement tranquilles, lorsque vers neuf heures, hier, quelques obus commencent à tomber autour de nous : malheur pour nous, la tranchée est repérée et visée ! Heureusement plusieurs énormes projectiles n'éclatent pas. Bientôt un obus tombe sur le bord de la tranchée, enterrant trois de nos camarades. On travaille à les déterrer. Aucun, heureusement, n'est blessé ; mais, presque en même temps, près de moi, tombe un gros projectile sur le bord de la tranchée. Je me retourne et entends un de mes amis gémir ; je vois son visage plein de sang et me précipite aussitôt pour le soigner : il n'avait heureusement qu'une légère blessure près de l'œil. Je songe alors à son camarade qui était couché près de lui et, ne le voyant pas, je commence à piocher pour enlever la terre éboulée. Mes recherches sont vaines et je renonce à m'épuiser pour déterrer un mort. Je retourne donc à ma place. Le bombardement continue avec une violence et une précision déconcertantes : c'est terrible d'être là, sans défense aucune, obligé d'y rester et frisant la mort à chaque instant !

Le bombardement a continué de plus en plus intense jusque vers une heure ; les shrapnells éclataient presque sans discontinuer au-dessus de nos têtes. Nous sommes restés terrés dans la tranchée jusque vers six heures, lorsqu'une autre compagnie est venue prendre notre place. Vers le soir, j'ai aperçu le camarade que j'avais cherché à déterrer : il était mort d'une blessure à la poitrine et projeté à deux mètres devant la tranchée ! Tu vois quelle veine a eue celui qui était couché *contre lui* en s'en tirant avec une légère blessure à la tête.

Je t'ai fait un récit qui, malgré moi, te paraîtra peut-être terrible, mais en voici la conclusion heureuse : nous avons subi un bombardement d'une force et d'une précision *rares* et les pertes ont été restreintes.

Pour ma part, j'ai la chance d'être en très bonne santé et de n'avoir pas une égratignure, mais je t'assure que nous faisons un travail fatigant. Nous avons éprouvé un bonheur intense à dormir une nuit entière dans une grange et à bien manger !

15 Novembre 1914.

CHER PAPA,

Pour ma part, j'ai encore assez d'enthousiasme (plus qu'avant de partir) et je travaille avec ardeur. Tu peux dire à maman que (sans faire de basses manœuvres, mais simplement en faisant preuve de bonne volonté) j'ai eu l'occasion de remplacer souvent notre caporal et je suis officiellement proposé (seul de la section) pour la prochaine nomimation, ceci en vue d'obtenir plus tard un grade plus élevé. Cela m'intéresse et je m'y appliquerai. C'est, en effet, un devoir pour ceux qui le peuvent, de sortir du rang et de s'élever le plus haut possible. Vous verrez sans doute s'affermir en moi les principes que vous avez toujours cherché à m'inculquer et que j'espère avoir le bonheur de pouvoir mettre en pratique. Si je vous parle de cela, ce n'est pas pour noircir du papier, mais pour vous ouvrir mon cœur en vous exprimant mes véritables sentiments.

Je termine pour m'occuper à quelque corvée, songeant qu'après ces bons jours de repos, nous allons avoir quatre jours pénibles, — ne serait-ce qu'à cause du temps froid et humide, — sans parler de la canonnade qui nous attend peut être là-bas... Il est vrai que votre situation pleine d'angoisse au milieu de votre isolement est encore plus pénible que la nôtre! Mais soyons courageux (vous m'en donnez l'exemple) et nous n'en serons que plus fiers plus tard en nous retrouvant...

25 Décembre 1914.

CHERS PARENTS,

Je suis tellement fatigué que je me suis laissé aller à dormir au lieu de vous écrire!

Je me réveille et, apprenant que le courrier part dans dix minutes, je ne veux pas manquer de vous dire combien mon cœur est près de vous en cette *triste* journée de Noël...

3

27 Décembre 1914.

MA CHÈRE MAMAN,

Je profite de ce que nous sommes bien tranquilles (quoique en réserve à deux kilomètres à peine des Boches), pour causer un peu avec toi. Je te remercie tout d'abord des nombreux colis que tu m'as expédiés et qui ont quelque peu agrémenté cette triste séparation, à un moment de l'année où nous sommes toujours réunis.

Nous avons eu, le soir du réveillon, un temps froid superbe. Quoique la guerre d'aujourd'hui n'ait rien de chevaleresque, on sentait bien que ce n'était pas une nuit ordinaire. A notre gauche, assez loin de nous, le canon tonnait, faisant des victimes ; mais devant nous et à notre droite, Français et Boches, tout en se tenant sur le qui-vive, chantaient des chœurs... J'ai veillé jusqu'à minuit pour assister à ce spectacle impressionnant. A côté de cela combien il était triste d'entendre la fusillade...

7 Janvier 1915.

MA CHÈRE MAMAN,

Je suis heureux que les circonstances me permettent de t'écrire un peu longuement ; tu préférerais sans doute avoir plus fréquemment de mes nouvelles, mais tu ne te figures pas ce qu'est cette vie de tranchées, surtout par mauvais temps. D'abord nous sommes forcés de veiller sept heures par nuit, debout dans une tranchée étroite, au froid et à la pluie ; par conséquent, une bonne partie de la journée est occupée à se reposer, à essayer de dormir et à manger. Notre repos est d'ailleurs fortement interrompu et compromis par un tas de corvées embêtantes, telles que : nettoyage des fusils, enlèvement de la boue, amélioration des boyaux, création de nouveaux boyaux et terrassements divers, etc....

En dehors de ces choses courantes, nous avons trouvé en arrivant ici la plupart des abris éboulés ou détruits. Il a donc

fallu y travailler et ceci presque uniquement pendant la nuit
pour ne pas être vus par les Boches. Nous n'avons pu prendre
notre repos, pendant quelques jours, qu'entassés en de mauvais
abris dans lesquels il pleut, et sur de la paille humide! Tu vois
que dans ces conditions il est difficile de trouver un endroit où
l'on puisse être assez à l'aise pour écrire. Et puis cette vie est
très déprimante...

Je te dirai cependant pour terminer que ma santé est
excellente, — ce qui est à peine croyable et nous sommes tous
étonnés de supporter si bien cette vie anormale, — et que j'ai
même engraissé! Ma barbe s'allonge, et si tu me voyais peut-
être ne me reconnaîtrais-tu pas immédiatement...

12 Janvier 1915.

Mon cher papa,

Je suis en ce moment tellement *éloigné* des tranchées
et tellement heureux que je veux vous faire part de mon
bonheur.

Je suis (ne cherchez pas trop loin) chez de braves gens à
Prouilly, dans un confortable *home* dans un petit village de
5oo habitants.

Figure-toi que mon papier est posé sur un buvard et que
je suis assis sur une chaise!! En face de moi, une bonne mère
lit le feuilleton d'un journal qu'elle a relié, — un coup d'œil
indiscret me permet de voir qu'il date de 1910; — on doit se le
repasser de porte en porte...

Un bon feu chauffe la petite pièce où nous sommes et près
de la vieille, sa fille je crois, une assez jolie brune, est en train
de coudre de belles poches à ma capote, ce qui me garantira
du froid aux mains. C'est d'ailleurs ce travail qui justifie ma
présence chez ces gens...

Cela me fournit l'occasion d'écrire cette lettre, après
quoi j'irai goûter un repos bien gagné dans de la paille

sèche — il est déjà 7 heures! Que l'on est donc bien, loin des tranchées!...

On entend ici un peu le grondement des canons, mais ils sont loin et ce sont les nôtres... Tu vois qu'il faut *peu de chose* pour contenter un combattant des tranchées. Il est vrai que ces satisfactions sont de courte durée et que quatre jours de repos sont bien vite passés!...

Je m'aperçois que ma capote va bientôt être prête et je n'aurai pas le temps d'écrire d'autres lettres comme je l'espérais...

5 Février 1915.

CHERS PARENTS,

Je vous ai envoyé, hier, une carte postale de Reims où j'ai eu la chance d'aller. J'ai pu passer une demi-heure chez ce bon M. Kunkelmann.

Il m'a reçu, inutile de le dire, les bras ouverts, m'offrant de l'argent ou tout autre service que j'aurais désiré et comme, malgré son insistance, je n'avais besoin de rien, il n'a été que plus touché de ma visite qui a paru lui faire plaisir.

De mon côté, j'éprouvais une grande joie à me retrouver chez *un civil*, ami de la famille dont il m'évoquait le souvenir si lointain, déjà! J'étais assis dans un fauteuil et, au milieu de ce somptueux intérieur, je me sentais tout gauche avec mon équipement militaire, mes godillots... Combien je me sentais loin de la vie des tranchées!...

Cette journée a été pour moi une diversion excessivement agréable à la vie que je mène.

25 Février 1915.

CHER PAPA,

Je viens d'être nommé soldat de 1re classe. Cela ne me procure aucun avantage, mais c'est tout ce que je puis avoir étant donné qu'il y a déjà deux caporaux en surnombre à la compagnie. C'est un *tout, tout* petit commencement d'avancement.

Je suis forcé de vous quitter pour aller (comme tous les soirs) guetter les Boches qui ne viennent jamais!...

29 Mars 1915.

MA CHÈRE MAMAN,

Quoique étant dans les tranchées de première ligne, je m'installe à ma table!... pour t'écrire.

Tu as lu dans les journaux que les tranchées avaient été merveilleusement installées grâce à l'ingéniosité de nos « poilus ». C'est vrai pour les tranchées qui sont à peu près de *tout repos* comme le sont les nôtres; mais il y a malheureusement beaucoup d'endroits où l'on peut à peine se faire de mauvais abris. D'ailleurs, nous occupons ici presque les mêmes emplacements qu'il y a six mois. Nous sommes ici trois bons camarades dans un petit *gourbi* que nous améliorons à chaque séjour dans la tranchée; la dernière amélioration est une petite table qui transforme notre cabane, soit en salle à manger, soit en bureau, suivant l'heure. Le couchage est toujours médiocre sur de la paille assez vieille, poussiéreuse et peu abondante. Malgré cela nous commençons à avoir un certain confortable dans la tranchée. Maintenant que l'hiver est fini, nous sommes presque tous munis de peaux de mouton et de chaussures en toile goudronnée à semelles de bois pour mettre sur nos *godillots* quand il pleut.

Tu vois que nous ne sommes pas trop malheureux. Pour agrémenter notre séjour nous avons aussi, non loin de là, un petit ruisseau auprès duquel nous pouvons aller ou dont l'accès nous est interdit, suivant l'officier qui commande notre secteur; (c'est très militaire!...)

Enfin, lorsque nous pouvons y aller, on s'y débarbouille avec plaisir dans l'eau courante. Nous avons maintenant la faculté d'être à peu près propres, ce qui n'est pas à dédaigner ; les douches de Pévy fonctionnent assez régulièrement et je ne manque pas d'y aller à chaque repos. Il est de fait que nous avons été à un moment très sales, et si la dénomination de *poilus* nous convenait assez bien, il en est une qui nous convenait bien mieux, c'est celle de *pouilleux !...*

La plupart de mes camarades ont été dévorés par les terribles parasites et devaient en faire presque journellement la chasse. J'ai été pour ma part assez heureux : ils ont un profond mépris pour moi... L'invasion a même été tellement forte que l'on redoute maintenant davantage les poux que les Boches !... Et l'on se demande avec angoisse lequel des deux ennemis viendra à bout de nous le premier !...

Je ne sais si mes petites histoires t'intéressent, mais que veux-tu ? Quand on est dans les tranchées depuis si longtemps, on a forcément une mentalité un peu spéciale...

18 Mai 1915.

MA CHÈRE MAMAN,

Au moment où j'allais suivre tes conseils patriotiques et défendre héroïquement notre pauvre pays envahi, voici que je suis évacué pour une jaunisse !... Comme tu vois, le mal n'est pas grave, et c'est confortablement assis sur un *lit* que je t'écris...

19 Mai 1915.

CHERS PARENTS,

Je ne perds pas tout espoir d'aller passer quelques jours avec vous. Il y a beaucoup de chances pour que j'aille en arrière et dépasse la zone des armées. Alors c'est la convalescence au dépôt et les huit jours de permission...

Aux tranchées, 19 Janvier 1916.

MA CHÈRE MAMAN,

Quelle tristesse j'ai ressentie, hier, en lisant ta lettre, en songeant au cruel destin qui nous a tous séparés, pour combien de temps encore?... Enfin j'avais le *cafard*, chose qui ne m'était jamais arrivée l'hiver dernier. Aujourd'hui cela va mieux : sans doute le beau soleil en est la cause. Pourtant c'est bien ennuyeux par un beau temps comme celui-ci de se promener sans cesse entre deux murs de terre et de risquer à chaque instant de recevoir quelque chose sur la tête !... Notre secteur est bien moins tranquille que celui de Champagne...

19 Avril 1916.

Dear mama,

J'ai bien reçu tes bonnes lettres et tes nombreux paquets...

Nous avons quitté les lignes pour venir passer trois jours de repos (?) — avec terrassement à la clef — sous un *tunnel*. C'est ce qui me permet de t'écrire un peu plus longuement aujourd'hui avant de remonter aux tranchées.

Figure-toi, ma bonne maman, que j'ai couché entre deux rails de chemin de fer, sur le ballast. On a l'avantage d'être, pendant un petit laps de temps, à l'abri des bombardements démoralisants, mais l'atmosphère est mauvaise et humide, aussi ne se repose-t-on pas beaucoup.

Nous sommes près d'un fort qui a été très disputé aux Boches et que nous avions perdu au début pendant quelques jours. Les tranchées sont très mauvaises et il n'y a pas d'abris; on couche par terre, recroquevillés dans des espèces de petites niches que l'on se fabrique dans les parois des boyaux; on y est évidemment trempé.

Bien entendu, on ne peut dormir une minute la nuit car il faut ouvrir l'œil. Le jour on dort peu et mal, car le bombardement est continuel. Je t'assure que nous souffrons *beaucoup*, tu dois t'en douter! Malgré cela on n'est pas malade et l'on supporte toutes ces fatigues: c'est extraordinaire !...

Le moral se maintient aussi bon que possible, parce qu'il

le faut, mais quelle triste existence et comme l'on aspire à voir la fin de tout cela !...

Enfin, mes bons parents, ne vous faites pas trop de soucis pour votre *fiston* qui s'en tirera encore cette fois-ci avec la grâce de Dieu ! Si je vous ai fait un tableau un peu sombre de notre vie, je ne vous apprends sans doute pas grand'chose, mais mieux vaut être franc... Tu sera heureuse de savoir — mais garde-le pour toi — que mes chefs sont contents de moi et m'ont déjà fait des compliments sur ma conduite.

27 Avril 1916.

Cher papa,

Je suis éreinté comme tous mes camarades et puis à peine marcher... pourtant il faut remonter en deuxième ligne ce soir...

J'aspire à quitter cette sale région...

1er Mai 1916.

Chère maman,

Nous sommes toujours dans ce mauvais secteur, toujours très fatigués...

A part cela, la santé est à peu près bonne et l'on se maintient tant bien que mal, solide au poste...

7 Mai 1916.

Mon cher papa,

Enfin me voici loin du fort de Vaux, près de Bar-le-Duc, dans un petit village, au repos quelque temps, j'espère ? Quel soulagement après les terribles moments passés près des Boches ! J'avais bien peur de ne pas en revenir...

Cela a été pour nous une joie que de monter dans les autos et de partir un peu loin de ce sale coin ! Il est vrai que nous y retournerons peut-être...

J'espère bien aller vous voir d'ici quelque temps, — quoique je sois un des derniers à partir. — Quelle joie !...

Je vois que ma dernière lettre vous a fait plaisir et je puis vous annoncer maintenant, pour confirmer ce que je disais, que je vais avoir une citation (croix de guerre) à l'ordre du Régiment ou peut-être de la Division; la demande suit son cours.

Je n'ai rien fait d'extraordinaire : j'ai seulement montré du sang-froid en posant des défenses accessoires, un de mes camarades ayant été blessé à deux pas de moi... Je vous raconterai cela...

12 Mai 1916.

Ma chère maman,

Nous continuons à mener une vie paisible dans ce petit village...

On nous a laissés à peu près tranquilles et nous avons pu jouir du beau temps, des ballades dans les bois et du repos sur l'herbe épaisse. Que la campagne est jolie en ce moment et comme j'aimerais être à Herblay !...

Ma citation, que je croyais si bien avoir, a dû rester dans quelque panier à papier... Je n'y compte plus maintenant... Pourtant j'avais bien attendu pour vous l'annoncer que ce soit à peu près certain; elle date du 13 avril et l'adjudant m'avait affirmé que je devais avoir au moins la citation à l'ordre de la Division. Mais ce sont des choses qui arrivent dans ce métier, et il ne faut pas s'en frapper !...

31 Mai 1916.

Cher papa,

Je ne suis pas encore dans les tranchées, mais nous nous en rapprochons progressivement...

Nous sommes réinstallés dans ce *sale secteur* que je croyais bien ne plus jamais revoir !!!...

EN CAPTIVITÉ

11 Juin 1916
(reçue le 24 Juillet).

Cher papa,

Je puis enfin t'annoncer que j'ai la vie sauve !

J'ai été fait prisonnier il y a huit jours, au cours d'une attaque. Je suis parmi les plus heureux, faisant fonction d'interprète.

Je vous écrirai une fois par semaine : c'est tout ce qu'on tolère.

Je suis forcé d'écrire brièvement. Vous souhaite tous en bonne santé et vous embrasse bien tendrement.

19 Juin 1916
(reçue le 27 Juillet).

Cher papa,

Je t'écris cette fois-ci une carte car je pense que tu la recevras plus tôt qu'une lettre.

La santé est toujours bonne et mes hautes fonctions d'interprète principal du camp, chargé du service intérieur, me rendent la vie plus agréable...

Pourtant c'est bien triste de se sentir si éloigné des siens et de ne pas pouvoir correspondre plus souvent et plus rapidement...

Suis anxieux d'avoir de vos nouvelles...

20 Juin 1916
(reçue le 7 Août).

CHER PAPA,

Je t'écris pour la troisième fois, mais je crains bien que tu n'aies pas encore de mes nouvelles. Je crois que les lettres mettent plus d'un mois à parvenir...

Je suis toujours interprète et je n'ai à me plaindre que du manque de nouvelles. Que vous devez vous-mêmes être inquiets de ne pas savoir ce que je suis devenu!...

7 Juillet 1916
(reçue le 7 Août).

CHER PAPA,

Je pense que tu as dû maintenant recevoir ma première lettre et j'espère avoir bientôt de vos nouvelles.

Ici rien de nouveau; je suis toujours assez tranquille comme interprète, mais il me manque des bouquins pour travailler...

J'espère que vous êtes tous en bonne santé.

21 Juillet 1916
(reçue le 18 Août).

CHER PAPA,

Je n'ai toujours pas reçu de vos nouvelles, et je t'assure que je trouve le temps long! Ne t'étonne pas si je ne t'ai pas écrit la semaine dernière, mais je n'avais pas pu me procurer de carte.

A part un gros rhume et une extinction de voix, la santé est excellente...

CARNET DE ROUTE

3 Juin 1916.

Cerné par les Allemands, obligé de me rendre avec quelques camarades. Traversons les lignes allemandes sans pertes, quelques gros noirs tombent près de nous. Suis avec le sous-lieutenant de la 4ᵉ Compagnie.

Arrivons à Azannes (Meuse) où nous sommes fouillés. On me retire mon carnet de route et mon couteau; touchons un sachet de biscuits pour le repas de midi. Il pleut continuellement. Beaucoup de prisonniers du 216ᵉ (qui a attaqué après nous) viennent nous rejoindre.

Nous partons tous vers 15 heures et arrivons vers 19 heures à G... Nous sommes fouillés à l'arrivée et devons donner toutes nos lettres et papiers; pouvons juste conserver le papier blanc et les papiers d'identité.

Suis embauché comme interprète.

Couchons dans un grenier sur un lit de déchets de papier. A minuit, on nous apporte une soupe au riz que nous dévorons...

4 Juin 1916.

Sommes réveillés par *le jus* et retournons dans notre parc. Quelques-uns sont embauchés pour des corvées. Un fort détachement de prisonniers du 216ᵉ et du 53ᵉ arrive. On m'appelle pour leur faire passer la visite des poches, puis je suis amené chez un capitaine qui essaie de m'interroger sur la position que nous occupions, sur l'attaque, les lignes de défense, de soutien, les forts, etc...

Nous partons vers 14 heures, une trentaine, escortés par des grenadiers.

La route est longue, nous avons 32 kilomètres à faire. Je suis éreinté!... Nous arrivons enfin à Stenay vers 22 heures, à la caserne d'infanterie.

Il y a là un très grand nombre de prisonniers. Ils sont couchés partout, dans les couloirs, les escaliers, les greniers. Je réussis à trouver une mauvaise place dans l'escalier et je dors assez bien, malgré le manque de confort. Rien à manger.

5 Juin 1916.

On nous appelle vers 7 heures pour le *jus*. Tout le monde se presse vers la cuisine. Les corvées sont faites par des Russes. *Jus* pas sucré avec un quart de boule de pain K.

Plus tard, les sous-officiers sont rassemblés dans la cour; le sergent-fourrier de la 2e me quitte; je ne sais où ils vont aller...

On se repose un peu, puis arrive l'heure de la soupe; les hommes se pressent aux abords de la cuisine pour toucher une bonne louche de soupe d'orge dans laquelle nagent quelques morceaux de viande.

On nous rassemble dans la cour, sous la pluie, où nous attendons pendant près d'une heure.

Enfin notre escorte de uhlans arrive et nous emmène...

EN SOUVENIR...

1ᵉʳ Août 1916,
(reçue le 31 Août 1916.)

CHER MONSIEUR,

Cette lettre vous parviendra sans doute bien tard après le rapport officiel sur le terrible accident dont fut victime notre infortuné camarade Bessand.

A peine aviez-vous appris la nouvelle de sa captivité que, pendant une baignade organisée, il faut en convenir, avec beaucoup de circonspection, votre courageux enfant a trouvé la mort en sauvant un imprudent en perdition. C'est avant-hier, *30 juillet 1916, vers cinq heures de l'après-midi*, que nous avons eu la douleur de cette horrible nouvelle. Les camarades qui assistèrent à l'accident sont unanimes à relater les efforts tentés par les Français autant que par les Allemands pour sauver votre fils qui jouissait parmi ses camarades, envers qui il était si serviable, et parmi les Allemands qui volontiers sympathisaient avec notre interprète, d'une très grande estime. Aussi est-ce avec un chagrin très profond, qui s'est étendu jusqu'aux habitants civils de la commune, que chacun s'entretient encore de cette fatale circonstance.

Nous avons enterré, ce matin, notre bien-aimé caporal. Cinquante prisonniers, la quasi-totalité de la population civile française (dont le maire du pays), deux officiers allemands avec une délégation de soldats formaient le cortège. Un prêtre allemand a dit sur sa tombe de belles paroles de réconciliation et d'amour en exaltant l'héroïsme du caporal Bessand. Puis l'ins-

pecteur des camps de prisonniers de la région exprima sa douleur très sincère et sa grande admiration. Demain aura lieu un
service à la mémoire de notre camarade.

Vous comprendrez, cher Monsieur Bessand, mon regret
de ne pouvoir citer ici le nom de la localité où nous sommes
captifs. Mais la censure me permettra peut-être de vous faire
connaître l'affirmation que j'ai reçue des officiers allemands que
les restes de votre pauvre enfant seront sûrement et sans diffi-
cultés transférés après la guerre dans le cimetière de votre
choix : 518, le numéro de la tombe, sera peut-être un détail qui
trouvera grâce.

L'autorité allemande a fait preuve en l'occurence de beaucoup de tact et de commisération. Vous avez peut-être déjà reçu
le colis renfermant les petits objets ayant été la propriété de
votre fils.

Cher Monsieur Bessand, je vous prie, au nom de tous les
camarades français de ce camp, au nom des civils de l'endroit,
que personnellement je vous désignerai dès que cela me sera
possible, d'agréer l'expression de nos biens sincères condoléances. Soyez assuré que le nom du caporal Bessand restera
inaltérable dans notre mémoire. Un Parisien, qui a l'honneur de
vous connnaître, accomplira dès sa libération le devoir sacré
de se mettre à votre disposition. Pour ma part, je vous donnerai
avec beaucoup de satisfaction tous les détails complémentaires
qu'il vous plaira de me demander.

Signé : Jules **PICHON**,
24ᵉ d'Infanterie, 2ᵐᵉ Compagnie.

4 Septembre 1916.

Cher Monsieur,

J'ai reçu avec surprise votre lettre du 31 écoulé. C'est avec
une grande peine que j'ai appris le malheur qui vient de vous
arriver. Mon pauvre camarade Bessand a succombé héroï-

quement en donnant à nos ennemis une preuve du courage français. Nous tous, qui l'avons connu, le regrettons ; beaucoup lui enviaient l'héroïsme avec lequel il accomplissait toutes les missions périlleuses. Ce cœur franc et loyal n'aura donc pas eu la récompense qu'il méritait ; il n'aura pas su que vous avez de lui un grand souvenir, cette Croix de Guerre qu'il a d'une façon splendide gagnée à la bataille de Verdun.

Tous nous prenons part à votre douleur, Monsieur Bessand ; ses camarades de combat vous disent : « Votre fils fut un brave. »

Permettez-moi personnellement de vous dire toute la peine que j'ai. Je sais bien que « nous autres » nous avons le cœur dur ; mais, pour moi, Bessand était un frère d'armes, toujours tous deux, au repos comme au combat, au plaisir comme à la peine, partageant les colis de nos chers parents, nous réconfortant l'un l'autre.

A la dernière attaque, celle du 3 juin à Verdun, nous avons creusé ensemble le même trou pour nous abriter, ensemble nous avons chargé, puis... je suis revenu seul, sans savoir exactement ce qu'il était devenu au milieu de cette fournaise.

Ce fut ensuite la bonne nouvelle : il est prisonnier !

C'est maintenant une nouvelle lettre, j'apprends sa mort en héros, et un froid me passe dans les veines. Votre fils sera vengé, Monsieur Bessand.

Je vous donne, cher Monsieur, une franche poignée de main.

Signé : V. LAMOTHE,
Sergent au 119e d'Infanterie de ligne.

Lisieux, 6 Août 1917.

Monsieur,

Je ne saurais vous dire encore aujourd'hui quel chagrin m'a causé la mort de votre fils André.

Je l'avais connu très intimement puisque nous avons mené au front, pendant sept mois, la même vie. Dans cette vie de souffrances j'avais su apprécier le caractère énergique et dévoué d'André. Il était aimé de tous au front et l'on aurait fait tout pour lui. Lui, du reste, ne regardait pas au danger quand il voyait un camarade à secourir.

Je me rappelle encore avec quel calme, le 5 novembre 1914, il recherchait un camarade enseveli au milieu d'un bombardement des plus violents. Quelques heures après, un sergent blessé appelait votre fils pour le panser, sachant qu'il pouvait se confier à lui. On l'aimait là-bas et j'ai su qu'on l'aimait aussi en captivité. Là encore il a vu l'occasion de sauver un de ses camarades et il est parti courageusement au devant du danger, mais cette fois, une mort héroïque apporte le deuil à sa famille et à ses amis.

Croyez, Monsieur, que je partage votre douleur à la nouvelle de cette mort affreuse.

Je vous prie d'agréer, Monsieur, mes sentiments attristés et respectueux.

Signé : GARIN,
119e d'Infanterie.

Tranchée, 4 Septembre 1916.

Cher Monsieur,

Veuillez bien me permettre, Madame Bessand et vous-même, de m'associer respectueusement à votre grand deuil.

La mort d'André est sublime, unissant le sacrifice du soldat au plus beau dévouement civique; mais votre fierté ne diminue que faiblement votre profond chagrin. Je prie Dieu de l'adoucir et de vous donner ces consolations et ces espoirs dont sont incapables les hommes. C'est la meilleure manière, n'est-ce pas, de vous exprimer ma très respectueuse et profonde sympathie?

5

Je conserverai pieusement, dans ma mémoire et dans mon affection, le souvenir de ce grand et joli enfant, intelligent et fin, devenu un soldat énergique et mort pour son pays et pour ses amis. Soyez sûrs, Madame et Monsieur, que l'École tout entière, celle d'hier, celle d'aujourd'hui et celle de demain, partagera votre fierté et la fidélité au souvenir de votre cher mort.

Je le salue avec tout le respect de l'officier pour le jeune héros et avec toute l'affection presque paternelle du maître pour son cher élève d'autrefois.

Ma pensée reste affectueusement près de vous, avec celle de tous vos amis; elle va vers Jean à Salonique, avec tous mes vœux pour cet aîné qui vous reste et que Dieu protégera tout spécialement, j'en ai le ferme espoir.

Veuillez me croire, cher Monsieur, très respectueusement et fidèlement vôtre.

Signé : G. BERTIER,

Directeur de l'École des Roches.

Zurich, 12 Septembre 1916.

CHER MONSIEUR,

J'apprends par mon ami Guilland, — et cette affreuse nouvelle m'a causé le plus vif des chagrins, — que votre fils André s'est noyé en sauvant un de ses camarades!

Il avait le cœur à la bonne place et il était brave. S'il était sympathique à tous ceux qui l'ont connu, c'est qu'il avait, à un haut degré, les qualités de sa race : le naturel, la franchise, le courage, et son admirable conduite pendant la guerre n'a surpris personne.

Vous êtes cruellement et doublement éprouvés. Après être restés longtemps sans nouvelles de votre fils, vous apprenez qu'il a été fait prisonnier; vous êtes enfin rassurés sur son sort et voilà ce stupide accident qui vous l'enlève!

J'ai le cœur tout serré à l'idée de ce que vous devez souffrir, Madame Bessand et vous !

Ceux qui meurent jeunes sont aimés des dieux ; ils ne con-
naîtront jamais ces douleurs et ces déchirements ; ils n'auront
eu de la vie que ses sourires et ses promesses ; mais, quelle
misère pour ceux qui restent !

Nous vous prions, ma famille et moi, d'agréer l'expression
de notre profonde et respectueuse sympathie.

Votre bien dévoué.

Signé : A. FRANEL,

Ex-directeur du Polytechnicum de Zurich.

Zurich, 8 Septembre 1916.

MONSIEUR,

Nous avons été atterrés en ouvrant votre lettre. Comment
le brave et bon André, qui s'était battu si vaillamment, avait
affronté la mort tant de fois avec un si grand courage, a trouvé
la mort stupidement en sauvant un camarade qui se noyait !
Oh ! que la chose est triste et que nous vous plaignons !

Nous nous réjouissions tant qu'il fût à l'abri du danger et
que, la guerre finie, il rentrât chez vous bien portant ! Et voici
qu'une fatalité vient le ravir à votre affection ! Nous avions pour
André une grande amitié faite d'admiration pour son esprit
droit, sa grande bonté et son humeur toujours égale. Ces qualités l'avaient fait adorer de ses camarades, à Zurich, et nous
sommes bien certains que, lorsqu'ils apprendront sa mort, ils en
seront profondément affectés.

Ce doit être un adoucissement à votre peine de penser qu'il
a trouvé la mort en faisant une noble action. Nous ne pouvons
pas oublier qu'en 1912, à Zurich, sur le lac, une barque montée
par des étudiants chavira. André était du nombre. Tous les
rameurs gagnèrent la rive à la nage. André seul resta auprès
d'un camarade qui savait mal nager ; il lui dit de s'accrocher à

la barque, tandis que lui nageait autour du bateau en attendant le secours qui vint délivrer son compagnon. Je ne vous ai sans doute jamais raconté ce fait. Lorsque le soir nous félicitions André, il ne voulait pas accepter nos félicitations et trouvait qu'il avait fait une chose toute naturelle. Pourtant tous ses compagnons n'avaient songé qu'à sauver *leur* vie. Notre amitié et notre estime pour André avaient grandi depuis ce jour.

Dites bien à Madame Bessand que nous compatissons de tout notre cœur à votre immense chagrin. Nous n'oublierons jamais André. Que Dieu vous assiste !

Votre bien dévoué,

Signé : Antoine GUILLAND,

Professeur au Polytechnicum de Zurich.

Jean Bessand

ARMÉE D'ORIENT

—

57ᵉ DIVISION

—

GROUPE LÉGER DES
ESCADRONS A PIED DE
L'ARMÉE FRANÇAISE
D'ORIENT

—

ORDRE N° 87

Le général commandant l'Armée française d'Orient cite à l'*Ordre de l'Armée* :

BESSAND JEAN, matricule o5635, maréchal des logis, 13ᵉ régiment de chasseurs, groupe léger.

« Sous-officier hors-ligne. S'est distingué par son sang-froid à la prise de Poroï et lors des contre-attaques tentées par les Bulgares pour reprendre le village.

« Blessé d'une balle au front, le 24 septembre 1916, a fait preuve d'un grand calme ; avant de se faire panser, a encouragé ses hommes à continuer le tir. Est resté dans la tranchée jusqu'à la fin de la journée, n'en est parti le soir que sur l'ordre du capitaine ».

Aux Armées, le 31 Octobre 1916.
Le Général LEBLOIS,
commandant l'Armée française d'Orient :
Signé : LEBLOIS.

VIᵉ ARMÉE

—

ÉTAT-MAJOR

—

1ᵉʳ BUREAU

—

EXTRAIT

DE

L'ORDRE GÉNÉRAL N° 680

PORTANT

CITATION A L'ORDRE DE L'ARMÉE

BESSAND JEAN-PAUL-LÉON, sous-lieutenant au 43ᵉ régiment d'artillerie.

« Officier d'une bravoure exceptionnelle, très brillant passé militaire pendant la campagne, modèle de courage et d'énergie, donnant à ses hommes l'exemple d'une splendide attitude au feu et d'un mépris complet de la mort. Glorieusement tombé le 20 juillet 1918, au milieu de ses hommes qu'il encourageait sous le feu ».

Q. G. A., le 25 Décembre 1918.
Le Général DEGOUTTE, commandant la 6ᵉ Armée :
Signé : DEGOUTTE.

JEAN BESSAND

1886-1918

A LA MOBILISATION

Mardi, 4 Août 1914.
7 heures du soir.

Longue attente à Paris, nous ne partons qu'à 4 heures 45. Les groupes se forment, on retrouve des copains de régiment ou de périodes de réserve.

Un entrain merveilleux, pas de fanfaronnade, une volonté ferme chez tous d'en finir avec *ces sales Boches*. On s'amuse; les bons *Parigots* font des *gavrocheries;* on met des inscriptions sur les voitures : *Train de plaisir pour Berlin,* etc. Comme on nous a mis dans des wagons à bestiaux, on s'amuse de temps en temps à faire entendre des beuglements de bétail, et tout le monde rigole...

Comme l'attente est longue, on se tasse un peu ; à la gaieté succèdent quelques moments où l'on se montre pensifs... On parle de ceux qu'on laisse, on sent que le souci est au fond de tous les cœurs, mais il ne faut pas le laisser paraître : on redevient gai...

On part; une acclamation nous accueille sur tout notre passage, dans les villages, aux gares... *Meaux;* grande animation, d'autres trains de frères d'armes sont sous pression.

L'Évêque, sur le quai, distribue des croix que l'on s'arrache, et toujours l'enthousiasme...

Bonsoir, mes bons parents...

5 Août 1914.
4 heures.

MES CHERS PARENTS,

Quelle nuit nous avons passée!

Arrivés à Vitry vers minuit! Couchés à 1 heure du matin! Couchés?...

En arrivant, d'un geste vague, on nous désigne le casernement en prononçant le traditionnel *débrouillez-vous.* Des chambres qui ont l'air d'avoir été au pillage et où s'entassent pêle-mêle hommes et sous-officiers, sur des paillasses, des couvertures, de la paille; nous nous laissons tomber où l'on peut; on est toujours mieux que dans les wagons de marchandises! Tout cela n'est pas grave, on prend bien la chose. La guerre!... Il nous semble que nous rêvons, nous ne pouvons y croire et cependant, quel remue-ménage! Il n'y a pas un être dans le pays qui ne soit occupé par la mobilisation! On parle de nous renvoyer à Versailles pour, de là, repartir pour une destination inconnue; mais on décide pour le moment de nous laisser attendre ici peut-être une dizaine de jours... on ne sait...

Cette indécision influe un peu sur le moral; cette attente indéterminée émousse la volonté d'agir, brise un peu l'élan des hommes.

Beaucoup commencent déjà à goûter ce repos; certains ne seraient pas fâchés de ne plus bouger... Les sentiments familiaux et bourgeois prennent la place des sentiments guerriers!...

Ici nous ne savons rien : pas de journaux, de vagues dépêches...

Je serais si heureux d'avoir de vos nouvelles!...

14 Août 1914.

MA CHÈRE MAMAN,

J'ai eu plaisir à avoir des nouvelles de tous.

Pour le moment nous nous entraînons; pour la première

fois ce matin, tous les pelotons de chez nous ont manœuvré en escadron et, ma foi, avec pas mal d'ensemble, presque aussi bien que l'active, résultat surprenant si l'on songe que nous n'avons que quelques jours d'entraînement, que la plupart de nos chevaux sont des chevaux de réquisition mal dressés, que la majorité des hommes n'ont pas monté à cheval depuis un, deux, ou cinq ans, que nous ne nous connaissons ni entre hommes, ni entre chefs...

Un officier anglais qui assistait à nos exercices, a demandé au capitaine l'autorisation de nous féliciter et nous a adressé un petit *speech* très chic, dans le français le plus pur.

Il nous a certifié que nous n'avions rien à apprendre des Anglais qui font sept ans de service ; que nous tenions bien nos chevaux, excellents, que nous avions du *mordant ;* que l'Angleterre *venait à la rescousse* elle aussi. Et tout le monde a acclamé l'Angleterre.

Très chic l'Anglais, l'air aussi peu militaire que possible, avec son *stick*, son espèce de veston kaki à revers et faux-col, cravate souple, larges poches à soufflets, casquette plate et... une pipe ! Mais il avait l'air " *comfortable* " et combien peu pratique paraissait notre tenue, surtout celle de nos officiers de légère, avec leurs culottes rouges et leurs tuniques d'un bleu si clair qu'à plusieurs kilomètres cela fait une tache blanche dans la campagne.

Pour en revenir à nos réservistes, il faut réellement admirer *l'adaptabilité* de l'esprit français, auquel d'ailleurs je n'ai jamais ménagé les critiques (manque de méthode, inaptitude à se concerter pour une action de longue haleine, etc.); mais je me demande réellement si tout cela n'est pas compensé par notre brio, notre souplesse, notre facilité de compréhension ? C'est avec une parfaite intelligence du caractère français que l'on a, dans ces toutes dernières années, modifié le règlement, notamment celui de notre cavalerie. Autrefois, on nous enseignait la manière de nous *défendre* contre cet objet de terreur : *le uhlan allemand*. Maintenant on ne parle plus aux cavaliers que *d'offensive*.

Pourquoi laisser au lourd Prussien le temps de mettre en route sa puissante machine, pourquoi l'attendre? *Attaquer* sans hésiter. Profitons de notre vivacité d'esprit, de notre légèreté, de l'agilité de nos hommes et de nos chevaux; ne laissons pas à l'ennemi le temps de réfléchir.

Et d'ailleurs, dans des engagements récents, il est arrivé maintes fois que des détachements français ont mis en déroute, par leur décision, des groupes ennemis bien plus forts...

21 Août 1914.

Mon cher papa,

Je reçois un mot de Jane me disant que Maurice est parti pour une destination inconnue...

Je pense qu'André ne va guère s'amuser; pourquoi diable n'est-il pas allé dans la cavalerie?

26 Août 1914.

Mon cher papa,

Toujours rien de nouveau pour nous...

Le caractère français, qui avait paru se dominer au début des hostilités, reprend bien sa tournure habituelle : il se montre aussi enclin à un enthousiasme irraisonné qu'à un découragement sans fondement et prématuré.

De même que je n'ai cessé de trouver immodérée l'importance que l'on a accordée, au début, au brillant fait d'armes qui nous a fait pénétrer en Alsace-Lorraine, de Château-Salins à Mulhouse, de même je proteste de tout mon pouvoir contre ceux qui propagent l'opinion que tout est perdu, ou presque, parce que notre attaque a été repoussée en Belgique!

Il me semble, pour emprunter une comparaison au *ring*,

que nous sommes dans la situation du boxeur plein de nerfs qui, ayant devant lui un adversaire colossal, tente par un coup d'audace de le mettre *knock-out* au premier choc et, n'y ayant pas réussi, se remet en garde pour se disposer à vaincre dans un combat « aux points ».

Peut-être que les événements de ces jours derniers vont occasionner de grands mouvements de troupes et que nous partirons...

André doit naturellement être toujours bien tranquille à Lisieux ; quant à Maurice, j'espère que vous avez toujours de bonnes nouvelles de lui.

Vitry, 26 Août 1914,
soir.

MON CHER PAPA,

Je venais de mettre ma lettre à la poste lorsque tout à l'heure, vers 5 heures, on nous a appris qu'un escadron de chacun des quatre régiments qui sont ici allait partir cette nuit ou demain matin.

Tous se montrent pleins d'entrain d'être appelés à la rescousse.

C'est un deuxième *au revoir* que je vous dis et ma pensée ne vous quitte pas...

Contre-ordre, un seul peloton est parti... Enthousiasme énorme des partants, déception de ceux que l'on fait rester...

30 Août 1914.

MA CHÈRE MAMAN,

Cette fois cela a l'air sérieux : nous devons partir le soir même (on fait prévenir le chef de gare de retenir 200 places) pour aller au 19ᵉ escadron du train des équipages... à l'École Militaire !...

Le matin, on criait : « *à Berlin* », et le soir on se fait à l'idée de revoir ce vieux Paris et les siens...

On reparle maintenant d'un départ imminent, mais je n'en veux plus rien croire tant que je ne serai pas dans le train, et encore !...

Nous avons toujours de la peine à nous faire à l'idée de l'état de guerre et l'on va, pour s'en convaincre, à la gare où de temps en temps passent des convois de prisonniers, des trains entiers de blessés (c'est la vision la plus saisissante et la plus navrante à la fois de la guerre). C'est ainsi que ces derniers jours nous avons vu des combattants venant de l'Est que l'on réexpédiait sur le Nord. Le spectacle est extraordinaire de ces hommes qui viennent du feu pour y retourner et qui font preuve de la plus parfaite gaieté ; il y en avait, l'autre jour, dans des tenues impossibles ; ils s'étaient affublés de casques, de tuniques, de manteaux, de sabres pris à l'ennemi et l'on aurait cru voir quelque défilé des *Qual'Zarts !...*

1er Septembre 1914.

MON CHER PAPA,

On nous annonce que nous partons demain matin à quatre heures ; je pense que cela est sérieux cette fois-ci.

5 Septembre 1914.

MON CHER PAPA,

Nous avons reçu, hier matin, le baptême d'un feu d'artillerie, peu dangereux d'ailleurs.

Je vais très bien. Nous avons marché hier de 3 heures du matin à 8 heures du soir.

7 Septembre 1914.

Mon cher papa,

Sommes passés tout à l'heure à *Melun* en chemin de fer ; partons pour *Niort !...*

Orléans, 8 Septembre 1914.

Ma chère maman,

Nous voilà bien en sûreté, après avoir traversé une zone dangereuse où nous avons été mitraillés sérieusement, mais sans pertes graves.

Nous filons en chemin de fer de Provins (nous y étions venus à toute allure par la route) sur Niort qui sera maintenant notre dépôt où l'on va peut-être nous reconstituer.

C'est une vision extraordinaire que ce que nous avons vu et traversé depuis quelques jours ; je vous écrirai là-bas si nous avons le temps.

AU DÉPOT

11 Septembre 1914.

MES CHERS PARENTS,

Ce mot pour vous dire que, après avoir été sur la ligne
de feu pendant quelques jours, me voici revenu au dépôt du
régiment.

15 Septembre 1914.

MON CHER PAPA,

Je ne vous ai envoyé, depuis que je suis ici, que des cartes,
car j'ai entrepris, sans pouvoir le finir, le récit détaillé de la
vision de guerre que nous avons eue pendant ces huit jours, mais
je n'ai pas fini et cela m'entraîne assez loin.

En deux mots, voici ce que nous avons fait : mon escadron
(escadron de réserve) s'est efforcé de rejoindre le régiment
pour lui fournir des chevaux et des hommes.

Les deux premiers jours, d'emblée, deux étapes extrêmement dures pour des réservistes peu entraînés et avec des
chevaux de réquisition. Nous rejoignons un convoi du régiment
au milieu de troupes battant en retraite ou qui se *concentrent en
arrière* avant les grandes batailles de ces derniers jours, et
tandis que nous étions bien tranquilles à nous reposer dans une
vallée *encaissée,* nous voyons passer un aéro allemand auquel
nous ne prêtons que curiosité ; peu après on nous signale
l'arrivée des uhlans ; nous n'avons que le temps de filer de
notre entonnoir avec un convoi de plus d'un kilomètre auquel
il nous faut faire faire demi-tour (tu vois le beau désordre !)

Arrivés sur la crête de la colline, nous sommes magistralement bombardés par l'artillerie allemande; un désordre énorme causé par l'énervement des chevaux, des hommes aussi qui reçoivent leur baptême, mais nous sommes collés à notre convoi et c'est une impression très désagréable que cette impuissance et cette inaction forcée. Des chevaux tués, d'autres qui tombent, des cavaliers qui courent, quelques tués, des blessés, un fourgon que l'on doit abandonner; mais en somme il n'y a que peu de mal, si l'on songe que nous risquions la prise ou la destruction complète dans l'impasse où nous nous trouvions sans aucune protection.

En plus de ceux qui ont éclaté sur nos têtes, je t'assure que nous avons entendu une belle quantité de coups de canon; cela n'a pas cessé pendant le temps que nous étions sur les lignes, de deux heures du matin à la nuit. Après avoir trouvé le régiment, nous sommes venus ici en chemin de fer par un itinéraire impossible et un voyage très peu *confortable*. Maintenant, nous sommes dans une ville calme, pleine de réfugiés et de blessés. On parle de nous renvoyer à notre ancien dépôt?

Enfin, vous le voyez, tout s'est passé pour le mieux pour moi. Je suis heureux de pouvoir vous rassurer pleinement...

26 Septembre 1914.

MA CHÈRE MAMAN,

Je suis bien consterné de la mort de ce pauvre Vaudoyer, de cet ami si loyal; c'est affreux! Espérons que la liste qu'il ouvre si lugubrement ne s'allongera pas...

2 Octobre 1914.

MON CHER PAPA,

J'ai été bien affecté des morts que tu me signales; que de tristesses pour ces pauvres familles, pour Mme Hillemacher déjà si éprouvée!... Je ne peux croire que je ne reverrai plus de si bons amis...

J'ai bien regretté aussi que cette excellente tante Parissot soit partie sans que je l'aie revue! Donne-moi quelques nouvelles d'André. Que fait Henri Vian? Reçu un mot de Polo Ganné, de Baudry de Saunier...

Je m'étais douté, vous le pensez bien, par quelles angoisses vous avez pu passer pendant les premiers jours de septembre. Hélas! l'attente est longue et pénible. Espérons pour le Pays et souhaitons de ne pas être trop éprouvés autour de nous!...

Dis-moi si André a des chances de partir?

Je n'ai pas de nouvelles de Saint-Rémy...

Saint-Maixent. 12 Octobre 1914.

Ma chère maman,

Je ne vous ai pas encore écrit depuis que nous sommes ici; c'est que nous avons été fort occupés par le déménagement et la réinstallation, et que nous avons maintenant — ô joie! — un général pour nous tout seuls, qui ne paraît pas vouloir nous laisser une seconde de répit. Trois revues dans la semaine : espérons que c'est dans l'intérêt supérieur de la Défense Nationale...

Il est curieux de constater qu'il n'y a peut-être personne qui soit aussi *loin* que nous de la guerre. Certes, nous lisons les nouvelles et les commentons avec intérêt, mais presque comme si nous étions hors de cause, et cependant nous pourrions être *là-bas* d'un moment à l'autre.

Nous plaignons, sans aucun doute, ceux de nos camarades qui sont dans les tranchées ou qui font des besognes du même genre, aussi pénibles ; mais nous vivons, en somme, en parfaits égoïstes, avec des préoccupations aussi inférieures que celles d'avoir des écuries bien propres et de *ne pas se faire attraper* à la prochaine revue!...

Je suis heureux que les nouvelles que vous avez soient bonnes. J'espère que ce bon Maurice va pouvoir se reposer un peu maintenant. D'après ce que me dit papa, je vois qu'il a été très brave, bravo!... Le contraire m'eût étonné.

Papa m'écrit que tu espères pouvoir venir me voir ici. Tu penses combien ta visite me ferait plaisir, depuis le temps que nous vivons séparés, sinon sans nouvelles. Grand-père est-il revenu à Paris? Embrasse-le bien de ma part avant que je ne lui écrive, ce que je compte faire ces jours-ci.

22 Octobre 1914.

MA CHÈRE MAMAN,

Je suis heureux de voir qu'André est parti dans une *forme* si excellente, mais, certes, ils n'ont pas perdu de temps! Il est vrai que les fantassins ont assez peu à apprendre pour pouvoir faire campagne : il faut savoir se faire un dos et des jambes solides (André les a); il faut savoir tirer (il sait); il faut *apprendre* à se *cacher* et surtout ne rien retenir de toutes les inutilités que l'on vous enseignait avant la guerre.

Il est certain que notre infanterie a eu tout à apprendre dans cette guerre; elle s'y est mise maintenant, je crois. C'est un général revenu du front qui nous l'a encore redit l'autre jour : la guerre actuelle n'a *rien de commun* avec ce qu'on avait coutume de faire sur le terrain et aux grandes manœuvres, *rien...*

29 Octobre 1914.

MON CHER PAPA,

Je suis très pressé, il faut demain matin 50 hommes de mon escadron pour le front; je n'en suis pas! Je m'occupe de ce départ.

J'ai été bien heureux de votre trop court séjour; j'espère que vous avez fait bon voyage.

Saint-Maixent, 3 Novembre 1914.

MA CHÈRE MAMAN,

Il y a une grande animation dans le dépôt. Comme les chevaux n'arrivent toujours pas, on se décide enfin à transformer nos braves cavaliers d'abord en cyclistes (nous avons

7

reçu une centaine de bécanes déjà), puis on forme des compagnies... de fantassins et tout cela s'entraîne dans des tenues plus ou moins hétéroclites!

Je suis classé dans les aptes au cyclisme (je préfère cela aux fantassins), car on envisage le cas, possible, probable, où nous ne partirions pas à cheval.

J'ai été désolé que votre séjour soit si court ici, mais il m'a semblé bon de couper ces mois de séparation (il y en aura peut-être encore pas mal), de vous embrasser et de parler un peu de ceux qui nous sont chers...

Il est curieux de constater que plus on est près de la vie militaire, plus on est près du danger même, et plus on fait preuve d'insouciance et de confiance... heureusement d'ailleurs; mais on comprend combien peuvent être pénibles certains moments pour ceux qui n'ont qu'à attendre, et je me rends compte des heures cruelles que vous avez dû passer dans plusieurs occasions, notamment lorsque les Allemands approchaient de Paris et que j'ai quitté Vitry-le-François. Vos lettres d'alors, reçues bien après, ici, m'en ont donné une idée...

J'ai été heureux de vous trouver toujours vaillants! Je vois, par ce que vous me dites, qu'André n'a pas perdu de temps pour entrer en action. La lettre que je reçois me le montre presque dans la mêlée! Il y semble d'ailleurs en bonne disposition d'esprit; c'est tout ce que l'on peut demander; sa bonne étoile fera le reste...

J'apprends que l'on réquisitionne pelles et pioches dans la région pour nous enseigner le métier de *taupes*.

11 Novembre 1914.

MA CHÈRE MAMAN,

Je vois que ce brave André n'a pas moisi longtemps dans les camps et le voilà lancé brutalement dans l'action. On ne peut que lui souhaiter bonne chance, c'est un facteur qui joue un si grand rôle!...

Saint-Maixent, 16 Novembre 1914.

MA CHÈRE MAMAN,

J'ai bien cru que j'allais partir. J'étais inscrit pour aller dans l'infanterie comme agent de liaison à cheval (en remplacement d'officiers), mais nous n'avons dû en fournir que trois au lieu de cinq, et je suis resté...

Mais les départs se dessinent. Il est arrivé des chevaux des États-Unis qui paraissent bien et je préférerais, en somme, partir dans la cavalerie.

Je me suis fait revacciner pour la seconde et dernière séance contre la typhoïde et je t'assure que je n'en ai pas mené large pendant deux jours. Les Maudet m'ont très gentiment soigné et hébergé.

18 Novembre 1914.

MON CHER PAPA,

On nous vaccine maintenant contre la variole. Nous passons notre temps à nous faire inoculer de sales microbes dans le corps; nous serons bientôt immunisés contre tout, — sauf les Boches!...

Bravo pour André qui est déjà proposé comme caporal ; c'est très bien, si rapidement ; il n'est pas en retard !

A ce propos, je serai peut-être nommé adjudant. On m'avait même demandé si je voudrais, le cas échéant, passer sous-lieutenant, mais à ce sujet j'ai dit ma façon de penser bien carrément : autant il me serait agréable d'obtenir, *en campagne*, une distinction ou un avancement quelconque, autant je trouverais ridicule une nomination au dépôt...

D'ailleurs cette nomination correspondrait, en pratique, uniquement à l'accomplissement d'une tâche similaire (peu transcendante !) avec un galonnage et une solde supérieurs ! Par conséquent, je ne suis nullement pressé, d'autant plus qu'ici, comme partout, « *l'embusquage* » sévit. L'avancement assez rapide, qui a eu lieu dans la troupe (de brigadier à adjudant) s'est porté presque exclusivement sur les *tire-au-flanc* de toute espèce qui comptent bien passer toute la guerre dans je ne sais quelle trésorerie ou magasin d'habillement!... Je ne tiens nullement à être assimilé à ces *non-valeurs*...

Cette façon de procéder est d'ailleurs dans l'ordre des mœurs militaires du temps de paix. Sur le front, au contraire, toutes les bassesses et les combinaisons ne trouvent pas place. Qu'importe que ce jeune brigadier ne paye pas de mine et ait l'allure *rustre*, il a fait preuve de courage, d'intelligence, d'aptitude à entraîner les autres; nommons-le au plus tôt sous-officier. Quant à cet adjudant qui se *gobe* tant, il a été piteux toutes les fois qu'il s'est agi de prendre une décision; mettons-le au convoi!...

Bref, le feu purifie tout... et c'est là seulement que l'on peut juger chacun à sa juste valeur, valeur militaire s'entend.

26 Novembre 1914.

MA CHÈRE MAMAN,

Je suis heureux de voir comme André se comporte bien et prend son rôle au sérieux.

Je vais envoyer à Madame Demolins et à l'abbé Gamble de nos nouvelles.

Je respire un peu pour ce bon Maurice qui a bien mérité le petit bien-être que va lui procurer sa bécane.

As-tu des nouvelles de Loubet?

2 Décembre 1914.

MES CHERS PARENTS,

J'ai dévoré avec un vif intérêt le numéro de *l'Echo des Roches* que vous m'avez fait parvenir; j'ai ressenti une vraie joie et une certaine fierté à voir combien tous, dans la grande famille des Roches qui m'est chère, étaient vaillants et accomplissaient avec entrain leur devoir quel qu'il soit. S'il était nécessaire, cela nous donnerait un nouvel élan dans des dépôts où la bonne volonté est quelquefois tentée de se laisser émousser... J'ai été heureux d'avoir des nouvelles de nombreux camarades, — pas mal, hélas! sont déjà tombés!

Je vois que *l'Écho* demande assistance pour pouvoir continuer à paraître. Voudrais-tu nous y abonner tous les deux? André sera, comme je l'ai été, très heureux de recevoir des nouvelles de *Rocheux*.

A ce propos, pourrais-tu, si tu as un instant, écrire à ce bon abbé Gamble, cela lui ferait plaisir. Tu pourrais lui transcrire les passages des lettres d'André que papa m'a copiés : son baptême du feu et la lettre dans laquelle il parle de son ardeur et de sa proposition comme caporal. J'ai été heureux de lire ces lignes; il y fait preuve d'une maturité et d'une conscience auxquelles il ne nous avait certes pas accoutumés; elles feraient jolie figure après les extraits de lettres d'anciens que l'on a déjà publiés.

La guerre est une chose horrible, mais comme elle exalte et fait épanouir de beaux sentiments dans un pays qui se défend, et combien sont abjects ceux qui ne se ressaisissent pas et continuent à se mouvoir dans leur fange — (à vous « politicaillaux!»...)

Je vais, de mon côté, écrire aux Roches.

Jane m'a adressé des épreuves la représentant en infirmière et avec les petites. Je voulais justement te demander des photos de ces mioches en même temps que des portraits de toi, papa, André et autres membres de la famille (mais pas collées), des photos familières, par exemple des groupes à Herblay me feraient autant de plaisir que des portraits *posés*.

Saint-Maixent, 15 Décembre 1914.

A son frère.

MON VIEUX ANDRÉ,

J'ai de tes bonnes nouvelles et je m'en réjouis. Donc tu t'y es collé rapidement *et sans délai*, et je suis surtout heureux

de voir que tu prends cela *à la bonne;* c'est certainement
le meilleur parti puisque, si l'on en croit les Anglais, qui
décidément *en veulent,* la guerre durera *deux ou trois ans...*
that's all!

Tu vois comme c'est curieux la chance, ce Maurice, avec
ses trois mioches, qui en barde depuis le début, toi qui pars
après deux mois d'instruction, et moi le célibataire qui ne bouge
pas depuis quatre mois! Cela peut d'ailleurs changer au
moment où on s'y attendra le moins.

Tu as dû recevoir l'*Écho des Roches* où il est mentionné pas
mal de pertes en prisonniers, blessés et morts... hélas!

Je te transcris les préceptes en trois points donnés par un
capitaine au sujet de la conduite à tenir en présence des balles
ou des obus :

1ᵉ Faites votre possible pour n'être pas atteint...

2ᵉ Ne prenez pas peur...

3ᵉ Inutile de vous sauver...

Je trouve cela très *humour britannique* et c'est, en somme,
toute la philosophie de la bravoure.

Il paraît que l'on a arrêté un espion dans le 1ᵉʳ arrondis-
sement, à Paris.

Sais-tu à quel travail se livrait ce sale Boche?... Il prenait
des croquis... oui, des croquis des *forts* des halles!... that's all!...

Bonne chance et au plus tôt possible. Bien affectueusement je t'embrasse.

Inclus le portrait de *môa...*

Noël, 1914.

Ma chère maman,

Quelle belle journée de Noël! Et cela rendait plus triste
encore le contraste que l'on créait mentalement entre ce joli
coin de France que la nature, avec son beau soleil argentant la
campagne couverte de givre, mettait presque en fête, et les

plaines dévastées de là-bas où la rage de destruction et de carnage sévit toujours...

Hier soir nous sommes tous allés à la messe de minuit et le spectacle était émouvant de cette foule recueillie qui se rendait par les rues étroites de cette petite ville silencieuse qu'éclairait seulement le superbe clair de lune d'une nuit froide et sèche. Certes, il fallait un effort d'imagination pour concevoir qu'au même moment, à la faveur de cette même nuit, ici si sereine, on s'égorgeait là-bas!...

Notre pensée a été d'abord à ceux-là, aux nôtres, et elle a été non moins à ceux, loin de nous, qui attendent dans l'angoisse... Tu le penses, ma chère maman, que j'ai été bien de cœur avec vous tous: j'ai prié et en somme, plein d'espoir, je me suis réjoui que le sort nous ait épargnés jusqu'à ce jour...

Je suis fort heureux que vous ayiez Jane et ses petites pour passer ces jours que les souvenirs attristent, mais que la sérénité inconsciente des enfants vous aidera à rendre pleins de fermeté et de confiance...

Je suis heureux que les nouvelles des deux combattants soient bonnes.

J'espère que l'indisposition d'André ne sera rien et heureusement qu'il y a de la ressource avec sa constitution de fer...

Grand branle-bas ce matin chez le marchand de journaux; on est venu saisir la *France de demain* de cet excellent Bonvalot et le pandore était tombé par erreur sur la *France de Bordeaux et du Sud-Ouest*, le grand quotidien par ici... Quel est l'article incriminé? Je vais tâcher d'écrire à Bonvalot.

Saint-Maixent, 30 Décembre 1914.

MES BIEN CHERS PARENTS,

Je vous disais, l'autre jour, ce qu'avait été notre Noël. Notre Jour de l'An, nous rappelant l'époque où chaque année nous nous retrouvions tous réunis avec tant de joie, ne sera guère plus gai!...

Vous savez que tous mes souhaits iront à vous, souhaits de bonne santé d'abord, souhaits de prompt retour de ceux que vous, que nous chérissons, souhaits enfin pour que ce beau courage qui n'a cessé de vous animer dans le sacrifice accepté ne vous abandonne pas plus que la confiance.

Les trois lettres de vos enfants que vous ne manquerez pas de trouver *à notre place* seront un réconfort puisque les temps sont si durs qu'il faut s'estimer heureux de pouvoir obtenir des nouvelles des siens!...

J'ai écrit un mot à grand-père, mais je vous demanderai de transmettre mes vœux aux autres membres de la famille auxquels je n'écris pas.

J'ai adressé une poupée en costume du pays à Simone et des petites saletés aux deux mioches, juste pour qu'elles reçoivent un *Paquet* et voient que je ne les oublie pas (on ne trouve rien de propre ici).

J'ai envoyé à mon cher filleul un jouet de bazar. Il pourra se rendre compte qu'ici comme ailleurs, cette année comme les autres, on ne vend que du *Made in Germany!*...

Tous mes vœux les plus tendres encore et je vous embrasse de tout cœur doublement, en ce jour que nous voudrions voir moins triste.

Saint-Maixent, 31 Décembre 1914.

MA BIEN CHÈRE « TOTOEUR »,

MES BIEN CHÈRES PETITES NIÈCES,

Je pense beaucoup à vous, en ce jour qui devrait être jour de fête, et je forme des vœux pour que « papa Maurice » vous revienne bientôt sain et sauf.

Bon jour de l'an, quand même. Je vous embrasse bien tendrement.

A son frère.

MON VIEIL ANDRÉ,

Tu ne t'étonneras pas si je t'écris un peu tard pour le Jour de l'An. La poste marche si mal que l'on ne peut réellement pas en être à deux ou trois jours près !

D'ailleurs je n'ai pas manqué, — tu t'en doutes bien, — de penser beaucoup à toi, spécialement en ces jours qui auraient dû être de fête. Tu peux être certain que je me suis considéré comme très privilégié dans ma tranquille ville, alors que d'autres se gèlent les pieds dans les tranchées, tout en risquant de se faire brûler la g...

As-tu tout ce qu'il te faut ? Je suppose que l'on peut te l'envoyer facilement de Paris. Je t'adresse un peu de *superflu* en un petit paquet par la poste : une boîte de *Muratti* comme en prennent les *Tommy Atkins*; tu trouveras également une pipe, anglaise naturellement, *Jackson's real asbestos* comme fumée... par moi, car je m'y suis mis péniblement d'ailleurs, et grâce un peu, je crois, au système dont tu trouveras inclus échantillon et explication plus loin.

Enfin, je joins quelques feuilles de papier *hygienic's, anti-septic's, electric's,* etc... Ce papier a du reste une histoire et il m'est précieux, il te le sera peut-être aussi, bien que les journaux nous parlent toujours — et je crois les journaux ! — du confort des tranchées que *l'ingéniosité de nos troupiers* a dotées de salles de repos, de cuisines, voire de salles de douches !...

Je dois donc te dire qu'on ne trouve pas à Saint-Maixent de papier « hyg... » (voir plus haut). Pendant quelque temps j'ai été le *Monsieur* qui entrait dans toutes les boutiques pour demander du... (voir plus haut). J'aurais pu évidemment en *chiper* aux très aimables gens qui m'hébergent, mais c'eût été indélicat; j'ai préféré prendre l'auto qu'ils mettaient si gracieusement à ma disposition et filer un dimanche à Niort (22 kil.)

faire la précieuse emplette. Ces braves amis n'ont, de la sorte, pas été lésés; la quantité d'essence et d'huile que j'ai pu consommer et l'usure des pneus sont négligeables; je ne parle pas, bien entendu, de la petite réparation qui a pu résulter de la panne que j'ai eue; le levier de changements de vitesse (c'est une ancienne Darracq, levier sous le volant) m'est resté dans la main... Le léger *râclage* des dents d'engrenage qui s'en est suivi n'a dû, en somme, ne nécessiter qu'un simple réglage. Le seul ennui a été pour moi. De ce fait, je suis rentré à la nuit noire *sans lumière* car j'avais, dès le matin, ouvert très largement l'eau du générateur, de sorte qu'à la nuit, la charge de carbure était *strictement* réduite en chaux!...

Tu le vois, rien de plus simple si tu désires du... (voir plus haut) car j'ai fait comprendre à ces braves amis que s'ils veulent que je leur emprunte encore leur **auto**, il faudra la faire revoir à *fond!...*

Explication pour fumer la pipe suivant la méthode dont je te parle plus haut : Mettre le tabac dans l'*octogone* (au centre), une bonne boule, et relever les huit coins, de manière à former une sorte de *Montgolfière* en papier avec une boule de tabac à l'intérieur; entrer cette montgolfière dans la pipe en ajustant le joint le mieux possible, et de manière que le tabac soit *au-dessus* (presque entièrement) du fourneau de la pipe.

Pour allumer, il faut avec une pointe (crayon par exemple) percer le papier au-dessus, puis approcher une allumette à une *certaine distance;* l'aspiration fait entrer la flamme.

Avantages : *plus de pipes mal bourrées* (je n'ai jamais pu bien y arriver personnellement), le tabac se consume ainsi *complètement* et le papier ne *brûle pas.*

Plus de nicotine; elle est arrêtée dans les plis du papier, en bas.

Bref, essaie, tu verras, c'est épatant!

Enfin, mon vieux, j'espère que cela va se terminer le plus

tôt possible à notre avantage; c'est le premier vœu à formuler
cette année. J'espère que toi et tous les nôtres reviendront
sains et saufs de cette rude épreuve...

Au revoir, mon vieux, encore bonne, — meilleure, — année
et je t'embrasse bien affectueusement.

Ton frère.

Saint-Maixent, 2 Février 1915.

A Mr. GIRALDON.

Merci de votre affectueuse lettre, cher Monsieur; j'ai
été heureux d'avoir de vos nouvelles directement.

Oui, nous sommes un certain nombre ici à souhaiter que
l'on utilise mieux qu'on ne le fait notre bonne volonté.

Tout le monde est arrivé plein d'entrain et prêt à marcher
d'un seul élan, et, bien que l'esprit soit toujours excellent, nous
regrettons de voir l'enthousiasme se refroidir peut-être un peu.

Que voulez-vous, la *vie de garnison,* — car c'est bien cette
vie que nous menons, — n'est guère favorable aux beaux
sentiments, et nous avons vu réapparaître *l'intrigue,* le *piston,*
l'embusquage, etc... de triste mémoire !...

D'ailleurs, comme vous me le dites, il faut reconnaître
qu'il n'y a pas grand'chose à faire pour notre arme actuellement.
Cette guerre est bien longue, surtout pour ceux qui attendent
dans une inaction relative.

La perte de ce garçon charmant, de cet ami incomparable
qu'était Jean Hillemacher, m'a causé bien de la peine. Souhaitons
que ce sacrifice n'ait pas été inutile pour la grande cause que
nous défendons tous; souhaitons surtout qu'il ne nous en soit
plus imposé parmi ceux qui nous sont chers...

Je fais des vœux pour la bonne santé de tous les vôtres.

Veuillez, cher Monsieur, présenter mes respectueux
hommages à Madame Giraldon, et croyez à mes sentiments
les plus affectueux.

15 Février 1915.

Ma bonne maman,

J'ai été heureux d'apprendre qu'André avait pu pousser une pointe jusqu'à Reims et voir M. Kunkelmann et que Maurice avait réussi à se rencontrer avec Jane.

Voilà des diversions qui n'ont pu que leur être très salutaires et sont même indispensables pour soutenir le moral de ces braves combattants.

Ce que je voulais vous dire sur l'arrestation de notre Boche, en dehors de ce que les journaux ont raconté est assez suggestif.

Ce brave germanophile vivait ici, directeur de la *Brasserie française*, bien tranquillement depuis nombre d'années à l'abri d'une vague naturalisation.

On peut dire que c'est à notre maréchal des logis chef que l'on doit son arrestation, bien que, — c'est là le fait inouï, — il fût considéré partout ici comme *archi-douteux*, non seulement par ses propos (il déclarait volontiers que ces sales Français allait recevoir une pile), mais encore pour ses antécédents, car accusé voilà quelques années de s'être fait livrer des documents sur le trafic des marchandises dans le département, l'employé de l'octroi qui les lui avait fournis avait été révoqué ; lui, prévenu à temps par ses amis, avait brûlé les papiers compromettants et n'avait pas été poursuivi, grâce à ses appuis politiques, car il est bien entendu que c'est à l'appui officiel que l'espionnage allemand devait son essor chez nous !

Pour ne pas *s'attirer d'ennuis*, personne ne disait rien, car le *Monsieur* paraissait influent et avait même brigué les suffrages municipaux !... Notre Chef, qui habitait chez l'adjoint, arriva à obtenir quelques confidences et lui fit comprendre que la conduite de tous manquait réellement de crânerie...

Pour terminer, il arriva quelques histoires à des cavaliers que le Boche avait voulu *cuisiner*. Notre capitaine prit la chose en mains, fit un rapport qui eut pour résultat de faire venir deux agents de la secrète qui coffrèrent notre homme, et pour de bon, j'espère.

Tout le pays dit maintenant que ce n'est pas trop tôt... qu'on l'ait débarrassé de cet espion...

A Mr. R. C. E...

Saint-Maixent, 24 Février 1915.

Mon cher Escouflaire,

Croyez-le, c'est avec un grand plaisir |que j'ai reçu votre lettre m'annonçant que vous êtes, en somme, tous *safe*, car je commençais à être un peu inquiet sur votre sort, et j'avais pris des renseignements auprès d'un de mes camarades ayant de la famille en Belgique pour connaître le meilleur moyen de communiquer avec Tournai; je suis heureux pour vous et votre famille que vous en soyez sorti !

Tous les Français, tous les civilisés, ont admiré sans réserve l'héroïque attitude des Belges et l'on ne vous remerciera jamais assez d'avoir supporté une si large part de souffrances pour la cause commune...

Vous me dites que les Anglais ont adopté, — et appliquent, — la formule *Business as usual* : c'est parfait puisqu'ils le peuvent; pour bien des branches ils pourraient même dire *More business than usual*. Mais nous, nous ne le pouvons pas; toutes les industries qui ne se rattachent pas à la guerre ont dû se débattre, non pas pour prospérer, mais simplement pour ne pas mourir... Chez nous, le service obligatoire a créé un commencement de paralysie générale, auquel on n'a pu remédier que petit à petit et fort lentement. Même pour assurer la vie du pays il a fallu démobiliser des bouchers, boulangers, ouvriers d'usines métallurgiques, etc...

Il faut reconnaître d'ailleurs que notre élan à défendre le pays a été réellement national, *unanime*. J'ai une admiration sans bornes pour l'effort extraordinaire que les Anglais ont fourni en créant de *toutes pièces* une armée qui sera excellente et capable de jouer un rôle que personne n'aurait osé lui réserver. C'est un bel exemple de ténacité...

Je crois que pour que les choses marchent bien chez nous il ne faut pas qu'elles soient *trop bien organisées*. Il faut un peu d'imprévu; il faut que chacun ait à se *débrouiller* de son mieux. Ce serait bien amusant de pouvoir faire des observations comparées en vivant successivement dans les deux armées amies...

Vous me demandez de vous donner des *détails*, mais hélas! que peut savoir un pauvre mobilisé dans le dépôt du plus parfait trou de province?... J'ai, jusqu'à présent, mené une vie bien calme, je pense que cela va changer au printemps.

Comme *excitement* nous avons juste eu le plaisir d'un bombardement assez nourri, alors que nous étions allés rejoindre le régiment en campagne, à la retraite de la Marne; mais on nous a réexpédiés presque aussitôt au dépôt...

9 Mars 1915.

MA CHÈRE MAMAN,

J'espère que vous avez fait un bon voyage de retour.

Juste après votre départ nous avons appris officiellement que nous restions ici par ordre ministériel — jusqu'à quand?... Vous auriez peut-être pu rester un peu plus longtemps si nous avions su cela plus tôt.

Ces bons moments que l'on passe ensemble sont trop courts et l'on aurait tellement de choses à se dire que l'on ne prend pas le temps de causer comme on le voudrait. D'ailleurs vous étiez si mal installés que l'on ne savait où se mettre...

Saint-Maixent, 2 Avril 1915.

MA CHÈRE MAMAN,

C'est seulement ce matin que l'on m'a averti officiellement que je pars demain à quatre heures.

Ce que je regrette surtout c'est d'abandonner mon cheval...
On me console en me disant que les cavaliers ne font que le
métier des fantassins et qu'ils ont en plus à soigner des chevaux.
Enfin, je tâcherai de me débrouiller là-bas.

C'est peut-être la sixième fois que je crois partir, c'est
la deuxième fois que je pars réellement là où gronde la mitraille
et ma foi je pars avec confiance et calme.

Je suis très heureux de vous avoir vus dernièrement en
bonne santé et pleins de courage. J'espère que vous n'aurez
pas cessé d'être ainsi lorsque je vous retrouverai.

Bonnes nouvelles d'André et de Maurice?

Je dois terminer ma lettre; je suis très occupé : instruction
hâtive de moi-même et de mes trente hommes comme fantassins
en quelques jours et paperasses à ranger, colis à faire, lettres à
écrire... Je suis assez fatigué.

Je vous embrasse bien tendrement et mille fois. A bientôt,
je pense à vous.

Poitiers, 5 Avril 1915.

MA CHÈRE MAMAN,

Ouf! je suis parti...

Quelles heures énervantes et fatigantes que celles que nous
avons passées ces jours-ci avec tous les préparatifs.

Beaucoup de camarades à la gare, très gentils. Les Maudet
ont été charmants jusqu'au bout.

Espérons que ce départ sera le bon et le retour avec la
victoire finale et bientôt...

Gray, le 5 Avril 1915.

MON CHER PAPA,

Quel voyage! voilà trois jours que nous roulons avec un
horaire impossible, des arrêts continuels, des changements de
train à tout bout de champ (nous traversons tous les réseaux :
Etat, P.-O, P.-L.-M., Est) Poitiers, Tours, Nevers, Chagny,

Dijon où nous avons changé de train cette nuit, dans l'obscurité complète : on attendait les Zeppelins! Nous voici à Gray d'où nous repartons pour Vesoul et Lunéville. Nous y serons demain.

C'est dans ce secteur, du côté de Baccarat je pense, que nous allons opérer.

Le mouvement militaire sur toutes ces lignes est formidable. C'est une chose dont on ne peut se douter quand on vit dans un pays éloigné comme Saint-Maixent.

C'est avec regret que j'ai quitté mes hôtes. Madame Maudet est spécialement charmante et pleine de cœur.

Je vous donnerai souvent, — sinon longuement, — de mes nouvelles et je vous embrasse bien tendrement.

SUR LE FRONT FRANÇAIS

8 Avril 1915.

MA CHÈRE MAMAN,

J'ai rejoint le régiment à un bon moment, puisque, ainsi que je vous le laissais entendre l'autre jour, il est actuellement et jusqu'à lundi, je pense, *au repos*. C'est d'ailleurs une façon de parler; on n'est pas dans les tranchées, mais on est très embêté par un service chargé : revues, gardes, inspections, instructions, *service en campagne*, etc... Je n'en suis d'ailleurs pas fâché car cela me permet de me mettre progressivement au courant de cette vie nouvelle.

Nous sommes dans un petit patelin à une quinzaine de kilomètres du front et nous ne serions pas mal s'il n'y avait un peu trop de troupes et surtout une pluie désespérante qui *inonde* tout et rend terribles les chemins, déjà si défoncés par une circulation militaire intense.

Il faut se résigner à patauger dans une boue inqualifiable et avoir, en somme, tout le temps les pieds mouillés! Nous sommes allés aujourd'hui reconnaître les tranchées de deuxième ligne que nous aurions à défendre près d'ici en cas de besoin. Le canon grondait à quelques kilomètres et l'on nous a montré où *ils* se tiennent : c'est le petit tour *Cook*. On raconte bien des histoires de l'époque où *ils* ont avancé, de celle où on les a repoussés et l'on fait des conjectures sur ce qui se *passera...*

12 Avril 1915.

Mon cher papa,

J'ai été désigné pour aller avec une trentaine de camarades
de la division, suivre un cours pratique de quinze jours, fait par
des officiers de chasseurs à pied, sur les méthodes nouvelles de
combat de l'infanterie ou de la *cavalerie à pied*, puisque ce
genre se porte beaucoup maintenant.

Ce sera intéressant et le brevet que l'on nous donnera doit
nous permettre, parait-il, de passer plus vite sous-lieutenant;
mais, d'après le travail de cette journée, je vois que nous allons
barder. On nous fait manœuvrer comme de simples soldats,
courir dans les terres labourées, ramper dans la boue;
nous sommes jolis!...

18 Avril 1915.

Ma chère maman,

Voici la première semaine de ce cours terminée. Nous
avons travaillé dur, même manuellement.

Nous faisons beaucoup de travail pratique, peut-être un
peu trop; mais c'est très intéressant tout de même.

Nous avons entendu une canonnade très nourrie, hier. On
nous apprend, ce matin, que ce sont mes camarades (avec lesquels je serais allé aux tranchées si je n'étais venu à ce cours)
qui ont été attaqués et ont repoussé *très brillamment* les Boches
avec de très fortes pertes et, pour nous, juste quelques légères
blessures.

Je regrette de ne pas avoir assisté à cette opération très
heureuse. Il est préférable de débuter par un joli succès pour
vous mettre en confiance...

Je vais toujours bien. Je pensais pouvoir maigrir, mais je
rentre avec des *appétits féroces* et vais me résoudre à faire
comme les copains qui sont tous gras à lard...

24 Avril 1915.

MON CHER PAPA,

Voilà notre cours terminé.

Nous avons eu l'extraordinaire veine de n'avoir pas de pluie ou presque pendant nos quinze jours.

L'autre jour on nous annonce une revue par un général. Rassemblement de la brigade et de nous.

Quel n'est pas mon étonnement lorsque nous présentons les armes de voir descendre d'auto... *notre Joffre!*

On ne peut réprimer un mouvement fait à la fois d'admiration et d'un peu d'émotion pendant les quelques instants que l'on voit, à quatre ou cinq pas, *the man of the world)* du moment...

On voudrait l'interroger avidement; il passe, très simple d'allure, d'un pas lent et un peu las. On lui explique qui nous sommes; il parle pendant quelques instants avec nos généraux, puis refile en auto...

Certes, son voyage doit avoir un but plus important que notre présentation!...

Notre secteur paraît bien marcher : on y a encore, cette nuit, repoussé une forte attaque boche (prisonniers, etc...)

27 Avril 1915.

MON CHER PAPA,

Notre repos n'aura été que de courte durée après ce cours.

Nous partons tout à l'heure pour un pays évacué par les civils. Nous y coucherons pour demain aller aux tranchées.

J'espère que tout ira bien et que je verrai des choses intéressantes.

29 Avril 1915.

MA CHÈRE MAMAN,

Nous n'avons eu que peu de temps pour respirer après notre cours où j'ai été bien noté.

Avant-hier nous nous sommes rapprochés pour prendre nos postes et c'est *de la tranchée* que je t'écris...

Voilà bien des impressions nouvelles en quelques jours!...

Avant-hier, donc, nous avons quitté le pays où nous étions au repos et nous sommes partis pour un petit village. Nous y avons passé un jour avant de faire la relève des tranchées où nous devons rester quarante-huit heures.

L'aspect du pays change déjà. Il y a la même circulation militaire que vers l'arrière et cependant une sorte de recueillement plane sur la campagne. C'est que la population civile a été évacuée, car nous entrons en plein sur le *théâtre des opérations;* l'on veut éviter aux civils les obus et aux militaires les espions toujours trop nombreux.

Les habitants ont dû quitter le village assez vite car il reste bien des choses dans les maisons et tout est soigneusement *réquisitionné* par les troupes qui passent. Chacun se débrouille pour trouver de la vaisselle, un lit...

Ce n'est pas partout que l'on peut se payer le luxe d'une douche en plein air à une fontaine. Mes *Poilus* qui à l'inverse de *Tommy* ignorent tout de l'hydrothérapie étaient bien surpris de me voir dans ce simple appareil!...

Or donc, hier soir, à la tombée de la nuit, après une journée superbe que les premières chaleurs rendaient même pénible, nous partons silencieusement et d'un pas lent vers nos tranchées. Ce sont, nous dit-on, de nouvelles tranchées que les Boches n'ont pas encore attaquées, mais assez exposées à la vue. La consigne, par conséquent, est de ne pas bouger de toute la journée; le ravitaillement n'a lieu que la nuit.

Il a fait un clair de lune superbe. La campagne est assez découverte et présente de longs vallonnements; dans le fond, à droite, on devine les Vosges. A peine sommes-nous arrivés que nous entendons une pétarade d'artillerie assez vive avec des explosions qui semblent assez rapprochées... Je comprends que nous assistons à un de ces *duels d'artillerie* dont parlent les communiqués, mais peu important.

Nos batteries, qui sont bien embusquées derrière nous, croient avoir repéré les batteries boches et les obus amis et ennemis passent au-dessus de nos têtes.

Alternatives d'accalmie et de bruit. Bientôt un autre bruit domine tout cela : ce sont mes poilus qui, petit à petit, se sont allongés dans le fond de la tranchée et... ronflent consciencieusement !...

Pourquoi n'en pas faire autant? Un tour pour m'assurer que mes guetteurs sont bien éveillés, eux, et je dors rapidement, pas mal du tout en somme, gêné un peu seulement par la fraîcheur de la nuit et par quelques détonations trop fortes... Le jour se lève, il faut se préparer à passer une rude journée puisque nous sommes condamnés à ne pas bouger de nos trous.

La journée est belle, très chaude, trop chaude même. Voici très exactement à quoi se passe le temps : manger et boire les provisions apportées, dormir, fumer, remanger, redormir, refumer et ainsi de suite!... C'est évidemment assez terre à terre, mais je suis un peu moins blasé et j'observe à la jumelle, je regarde... A part les avions qui sillonnent le ciel on ne voit rien, rien... des salves d'artillerie coupent seules le long silence...

Eh! quoi, est-ce là une partie de cette ligne qui va de Belgique en Suisse, et sur laquelle le monde a les yeux fixés? Est-ce cela, cette barricade de chaque côté de laquelle les deux moitiés de l'Europe se guettent pour se dévorer?... Non, ce n'est pas croyable, par ce ciel radieux, dans ces tranchées que nous avons rendues presque confortables, au milieu de cette nature en fleurs, on a peine à se figurer que l'on est là pour une mission grave et qu'une lourde responsabilité pèse sur nous. Cependant des lisières du bois, tout là-bas, des hordes de barbares pourraient s'élancer pour briser ce calme physique et moral... Mais nos poilus sont là, le fusil sur le parapet de la tranchée, les cartouchières enflées de munitions; les guetteurs veillent et nos petites mitrailleuses sont prêtes à tirer rageusement...

Mais tout reste calme, calme, et nous sommes tous décidés à tenir; nous sentons que nous *tenons* le Boche.

Que faire par ces longues journées, sinon penser aux siens, à ceux auprès desquels on reviendra bientôt, *espérons-le*, heureux d'avoir accompli son devoir, et peut-être un peu meilleur aussi...

Il fait trop sombre pour que je puisse me relire...

2 Mai 1915.

A son frère.

Mon vieux André,

Tu as dû savoir à peu près ce que je devenais par les parents. Désigné pour l'*escadron à pied,* je quitte le cheval pour le flingot, et le sac, et fais quelques jours d'entraînement avant de partir. Voyage *militaire* c'est-à-dire assez incohérent et long.

Arrivé au régiment on me dit que je fais partie du *peloton cycliste*, attaché à l'escadron à pied. Les quelques marches d'entraînement, la première entre autres, de 44 kilomètres avec flingot, le barda, un vent dans le nez terrible, pluie et grêle sont plutôt dures...

Huit jours après, je suis désigné pour suivre un cours de quinze jours, fait par des officiers de chasseurs à pied sur les méthodes de combat de l'infanterie et destiné à nous faire noter pour passer éventuellement sous-lieutenant *de cavalerie*. Quinze jours où on nous fait barder dur, à pied tout le temps, exercices de nuit, création de tranchées, organisation défensive de bois, de villages, etc., etc...

Enfin, me voici revenu dans mon peloton. Je suis, comme tu

le vois, au *peloton cycliste* de *l'escadron à pied* du *18ᵉ chasseurs à cheval!* aimable fantaisie que nous vaut la guerre de tranchées!...

Je viens de passer mes premières quarante-huit heures de tranchées. Notre ligne est assez éloignée des Boches et le secteur est calme pour le moment. Notre artillerie est assez active, plus que celle de l'ennemi : j'ai pu, l'autre jour, suivre parfaitement à la lorgnette le bombardement d'une tranchée exactement repérée par nos 75 et d'où les Boches se *criquaient* à toutes jambes...

Je te quitte, nous repartons pour deux jours de tranchées. J'espère que nous verrons des choses intéressantes. Bien affectueusement, ton frère.

17 Mai 1915.

Ma chère maman,

Ce soir nous sommes partis en *réserve de première ligne* pour pouvoir demain soir prendre les tranchées. Nous sommes entrés dans la zone évacuée par les civils pour aller coucher dans un de ces malheureux pays que les Boches bombardent systématiquement presque chaque jour.

Cet état de choses a amené un genre de vie spécial : la vie dans les caves. Quand nous avons demandé en arrivant où nous logions, le fourrier nous a complaisamment indiqué des adresses de maisons plus ou moins délabrées, mais munies de larges caves voûtées. C'est là que nous nous sommes empilés ; c'est de là que je t'écris. Le décor est réellement très *Opéra-Comique* : une voûte basse aux pierres mal jointes, sur le sol un amas de matelas, d'oreillers, de couvertures, d'édredons, toute une literie bariolée prise un peu partout.

Il y a des lits de bois superbes (avec leurs punaises, je le crains!) des sommiers, de simples paillasses. Cela n'a rien de la chambre *Touring Club*, je t'assure!

Une bande de Parisiens a pénétré là-dedans, il y a quelques

instants, à la lueur de lampes électriques, de bouts de bougies et les plaisanteries sur cette nouvelle demeure n'ont pas manqué. On a en somme trouvé ça *rigolo*. L'un a été heureux de se rappeler les catacombes de *Pantruche* et, comme un loustic a découvert que cela ressemblait au *Caveau* de Montmartre, nous avons eu la chanson appropriée!....

On a bu un peu, blagué encore quelques instants et chacun a bientôt imité les copains qui commençaient à ronfler, de telle sorte que maintenant le concert est complet. Je ne vais pas tarder à faire chorus...

Quelle inconscience? devez-vous penser. Cependant lorsqu'on se trouve ici, on se rend bien compte que c'est la seule attitude qui ne soit pas ridicule...

22 Mai 1915.

MON CHER PAPA,

C'est un nouveau genre de tranchées que nous occupons en ce moment. Je t'avais parlé des premières tranchées où nous sommes allés : secteur tranquille, mais impossibilité de sortir dans la journée. On repartait de là au bout de quarante-huit heures abruti par l'immobilisation et l'inaction.

Ici nous sommes réellement beaucoup mieux, je dirais même que c'est un séjour charmant, si nous n'étions pas de temps en temps rappelé aux réalités de la guerre par un *arrosage* d'artillerie.

Figure-toi un joli pays vallonné, boisé par endroits. Notre tranchée se trouve précisément à la lisière d'un petit bois et c'est ce qui en fait l'agrément. La tranchée même n'est occupée, en temps ordinaire, que par quelques hommes qui veillent, et c'est dans le bois que tout le reste de l'effectif se tient. L'on ne peut s'imaginer combien les bois sont pleins de ressources, surtout lorsqu'ils sont aménagés par le génie qui s'y entend parfaitement maintenant. C'est un véritable village dans lequel nous passons ces quatre jours consécutifs, ou plutôt quelque chose qui rappelle les villages nègres. Je ne doute pas qu'après la guerre on ne vienne en masse visiter les *attractions*.

D'abord des postes *d'observation* bien à l'abri de l'eau et des obus, avec de petites lucarnes et une sonnette d'alarme pour prévenir le poste de Commandement, lequel est relié téléphoniquement à l'arrière, à l'artillerie, etc...

Le bois comporte une série d'abris. Celui du capitaine, le poste de Commandement, est le plus luxueux. Construit au ras du sol avec de très forts madriers, recouvert de terre pour résister aux obus, il est tout parqueté avec de savantes rigoles d'écoulement pour les eaux. Fauteuil, table, couvertures, téléphone, rien ne manque. Les abris des hommes sont construits sur le même principe. On y ronfle dur, mais cela sent un peu trop la cage aux singes. J'ai employé mon temps à me construire un petit abri avec hamac en fil de fer, très réussi, ce qui me permet de dormir avec de l'air pour respirer !

Nous avons un admirable souterrain, le « Métro », qui conduit à une tranchée dont nous sommes séparés par la route. Nous avons des dépôts de matériel où l'on trouve clous, fils de fer, papier goudronné, etc..., etc... Le luxe que j'apprécie ici est une jolie source bien fraîche, la *source du maquis*, qui alimente le *lavabo des poilus* où l'on peut, heureusement, se nettoyer pendant les quatre jours.

Le secteur ici est très calme, à part *l'arrosage* presque quotidien.

Hier c'est à quelques mètres de moi qu'est tombé le premier obus, — un peu de terre et c'est tout. C'est la nuit seulement que l'on se souvient un peu que l'on a des Boches en face de soi. Nous allons placer des postes en avant de nos lignes et nous faisons du côté des tranchées boches de petites patrouilles pendant lesquelles quelques coups de fusil *sans résultat* s'échangent entre de vagues ombres...

Tu vois, notre vie n'a rien de pénible si on la compare à celle qu'ont menée et mènent encore certaines troupes. Pour ma part je ne me plains pas.

On ne peut s'empêcher tout de même de trouver cela bien long et *l'heure* de l'Italie a bien du mal à sonner!

Voilà près de deux mois que je suis sur le front...

25 Mai 1915.

MON CHER PAPA,

Je vois par ce que tu me dis de Grand-Père que son état est plutôt inquiétant. Si une issue fatale est à craindre sans que je puisse le revoir, je ne peux m'empêcher de penser avec émotion à l'affection toute spéciale qu'il a toujours témoignée à mon égard...

D'André j'ai reçu une très longue lettre de Creil, où il est fixé, je crois. Evidemment ce petit repos lui fera du bien; la jaunisse, en soi, n'a rien de grave.

29 Mai 1915.

MA CHÈRE MAMAN,

Aujourd'hui nous avons, avec un camarade très musicien, joué à quatre mains (il fallait que je vienne ici pour que pareille chose m'arrive) sur un piano trouvé dans une maison et que j'avais dû remettre un peu en état...

Depuis la guerre, on est revenu de bien des erreurs... On disait volontiers : X..., le pilier de prison, est une forte tête qui ne veut supporter la discipline du quartier, mais... en temps de guerre, ces gens-là seraient épatants; ils n'ont peur de rien!... Rien ne prouve d'abord qu'ils n'aient peur de rien, sous prétexte qu'ils emploient volontiers le couteau... Et puis, qu'est la guerre, surtout *celle* guerre? Une lutte de patience et de discipline. Certes X... sera peut-être capable, plus capable qu'un autre, *le jour où il sera bien disposé*, de réussir, avec beaucoup de courage, un *coup de culot*, mais les occasions de jouer ces rôles spéciaux sont rares et ce sont de modestes bonnes volontés dont on a besoin *chaque jour*. Or, X a *ses jours*, les autres il *se saoule*, il n'en veut faire qu'à sa tête et l'on ne peut compter sur lui.

Le bon soldat, aujourd'hui comme au temps de paix, est le petit bonhomme bien modeste (cultivateur, employé) qui, au quartier, astiquait bien ses affaires, et faisait toujours tout sans *roupéter*. En guerre on peut compter sur lui pour faire tout ce qu'on voudra lui commander et il n'hésitera pas, s'il le faut, à se faire tuer à son poste, — sans réclamer...

51 Mai 1915.

MON CHER PAPA,

Hier, dans le pays évacué où nous étions en *réserve de pre-mière ligne* pour venir ici, il y a eu un bombardement avec d'assez grosses pièces. On dit que c'est de l'artillerie autri-chienne. Dégâts matériels, quelques maisons de plus détruites. Cela a écourté un peu notre déjeuner en plein air et nous nous sommes réfugiés dans de bonnes caves où nous avons attendu que les six ou sept marmites (c'est la ration quotidienne) soient tombées, non sans avoir allumé un incendie que nous avons pris plaisir à éteindre avec la pompe du village. Celle-ci, par extraordinaire, fonctionnait, probablement parce qu'il n'y a plus de pompiers depuis longtemps!...

11 Juin 1915.

MON CHER PAPA,

Je n'attendais que trop la nouvelle que tu m'annonces. C'est une petite consolation de penser que ce pauvre Grand-Père n'a pas trop souffert; mais, puisque ce dénouement était inévitable, pourquoi a-t-il fallu que ce malheur survienne en de si tristes temps et à un moment où nous sommes tous séparés — et plus près que jamais par la pensée!...

André aura peut-être la consolation de pouvoir accompagner notre cher Grand-Père à sa dernière demeure, — il portera ma pensée attristée...

19 Juin 1915.

MA CHÈRE MAMAN,

Tous les matins, savonnage et pleine eau dans *notre* délicieuse rivière où la pêche à la ligne trouve de nombreux adeptes.

A ce sujet il est arrivé une histoire que je ne peux qualifier que de *délicieuse* : voici quelques jours, je vois rentrer notre équipe de pêcheurs l'oreille basse.

« Eh! quoi, cela ne mord donc pas? »

Mais j'apprends vite que ce n'est pas le motif de ce retour précipité. Non, ce sont les gendarmes qui, en exécution d'un ordre du Préfet, viennent rappeler que *la pêche est fermée* (sic), qu'elle n'ouvre que le 20 (demain précisément). Ils prient les officiers de faire exécuter cet ordre...

« Va donc voir à D... (à 2 kil. d'ici) si les Boches pêchent à la ligne! » ne peut s'empêcher de ronchonner un « Parigot ».

Pour ma part, je ne saurais trop admirer la vigilance de notre *Ad-mi-nis-tra-tion* qui n'hésite pas à faire respecter ses règlements les plus anodins (en apparence) jusque sous le nez des Boches, dans un pays évacué que visitent *quotidiennement* les « Marmites » et je trouve, avec notre sympathique Préfet, que le problème de la repopulation des rivières touche aux intérêts du Pays tout autant que la *défense laïque*.

A son frère.

24-25 Juin 1915.

MON CHER ANDRÉ,

Si je n'ai pas répondu plus tôt à ta longue lettre qui m'a fort intéressé, c'est que je ne pouvais te suivre dans tes rapides pérégrinations. Ton secteur est calme, d'après ce qu'a pu m'écrire Papa, n'est-ce pas?

Je peux en dire autant du mien, je pouvais le dire jusqu'à ces jours-ci, du moins.

L'autre jour, cela a changé un peu d'allure et nous nous nous demandons encore comment nous en sommes revenus! (voir communiqués des 20 et 21 et suite peut-être).

L'infanterie devait donc prendre une tranchée boche l'autre nuit et notre escadron part le soir pour couvrir le mouvement sur un flanc; mais on renvoie le peloton cycliste à son cantonnement d'où il devra se porter si besoin sur tel point qu'on pourra lui indiquer. Arrosage d'artillerie formidable. Nous entendons la fusillade, les cris de la charge, le clairon, fusées éclairantes, etc..., etc..., et, tandis que notre escadron était parfaitement tranquille, un *tir de barrage,* sous forme de marmites puissantes, se met à tomber sur notre pays, *bouzillant* trois pauvres territoriaux!

Dans la journée du lendemain nous entendons une fusillade nourrie plusieurs fois répétée. Ce sont des contre-attaques et, en quelques instants, on nous fait filer sur les lieux; cela a l'air de *donner pas mal.* Nous gravissons en vitesse la côte qui mène à la crête où se passe l'action. Cela claque ferme de tous les côtés; les balles nous sifflent aux oreilles; nous rampons le plus possible (as-tu remarqué comme le bruit des balles imite bien la *tempête* des théâtres?). Mais quel sinistre cortège nous croise! C'est une file ininterrompue de blessés et de morts. Des gémissements, du sang qui coule des plaies mal pansées, etc...

On a une telle mentalité dans ces moments que l'on ne s'apitoie pas comme cela paraîtrait naturel. Nous arrivons au poste de Commandement. On nous fait mettre en réserve dans la tranchée d'où est partie l'attaque. Il paraît que si nous étions arrivés un peu plus tôt nous aurions pris part à la contre-attaque. Nous la voyons se dessiner sur la crête au milieu d'un tonnerre d'artillerie et dans une épaisse fumée âcre, au son du clairon.

Nous tenons enfin la tranchée et solidement. Le défilé des blessés continue toute la nuit. Les prisonniers sont ravis et demandent des cigarettes, — ces types ont tous les culots ! La nuit devient calme et nous dormons un peu, gelés dans notre tranchée.

Le lendemain matin à huit heures, notre escadron reçoit comme mission d'aller reconnaître et occuper une tranchée boche que l'on suppose abandonnée. Nous quittons les lignes, et comme il fait plein jour, nous sommes vus en entrant dans un petit bois. Repérage précis et rapide. Les marmites se mettent à tomber sur nous. Nous sommes en formation ouverte, mais les pertes commencent : un brigadier tué par un éclat qui lui ouvre horriblement la gorge, des blessés, cela commence bien ! Nous avançons un peu. Cela tombe de plus en plus, c'est infernal ! Nous sommes naturellement aplatis sur le sol comme des punaises; nous nous fourrons derrière des arbres; nous creusons de petits trous ; on ne sait où se *planquer*, c'est angoissant au possible. Le capitaine rend compte que nous ne pouvons accomplir notre mission et que nous sommes sous le feu de l'artillerie, — nous y étions toujours à huit heures du soir ! Nous avons passé douze heures dont on peut se souvenir, bombardés tout le jour avec des interruptions qui nous ménageaient l'entrée en danse de batteries de différents calibres. Il y avait longtemps que nous avions tous abandonné l'espoir d'en revenir.

Les quelques secondes pendant lesquelles on entend le sifflement des marmites se rapprocher sont atroces et sont un supplice pour les nerfs. Mal de tête fou, — nous n'avions presque rien mangé et n'en avions guère le goût. Nous étions tous à moitié *marteau*. A ce sujet le « bateau », d'après lequel on s'habitue à la mitraille et qui montre les poilus jouant à la manille sous les obus, est grotesque! Je remarque le contraire, les types, qui sont ici depuis le début de la campagne, *déclarent* qu'ils ont une *frousse croissante*. Je constate qu'il y a peu de braves. Pour ma part j'ai plus de calme que je ne l'aurais pensé.

Nous avons rempli notre mission à la nuit. Un type avait eu le culot d'aller, seul, par deux fois, le jour, reconnaître la tranchée boche bouleversée et garnie de quelques cadavres. Nous avons coupé les fils de fer et enterré les Boches en comblant les tranchées ; les balles sifflaient encore un peu ; quelques marmites et shrapnells, des fusées éclairantes, mais le tout se passa sans encombre.

Retour au petit jour et nous retournons à notre village. Pleine eau, collation et l'on dort, car nous sommes *morts de fatigue* physique et de tension nerveuse, — incapables de lire ou d'écrire. — Nous sommes, d'ailleurs, vite dérangés par un bombardement de trente-cinq obus de gros calibre du patelin où nous nous mettons à l'abri. Ce sifflement des marmites est maintenant absolument odieux ! On croit l'entendre à chaque instant ; on court et l'on se met à plat ventre au moindre soupçon.

Cela va mieux maintenant. Nous avons repris nos tranchées assez tranquilles. Ce calme nous paraît extraordinaire, — presque *obsédant !...*

Je n'ai pas écrit ces détails aux parents. Garde ce récit dans un coin. Si nous avons la chance de nous revoir, nous reparlerons de ces souvenirs...

29 Juin 1915.

MON CHER PAPA,

Nous avons découvert un prix du Conservatoire sous les humbles traits d'un « poilu » de territoriale.

Il nous a joué tout ce que nous avons voulu et mon camarade, qui est assez fort, a fait quatre mains avec lui.

Jamais concert classique ne m'a procuré autant de plaisir que cette musique entendue à bonne portée des canons boches.

4 Juillet 1915.

MA CHÈRE MAMAN,

Nous voilà au repos, à une dizaine de kilomètres d'où nous nous trouvions, pour quelques jours, pensons-nous. Voilà trente-six jours que nous n'avions pas été relevés et par conséquent tout le temps en première ligne ou en réserve, tout près.

C'est un réel repos que de se sentir à l'abri des balles et il est bon de ne pas avoir l'oreille inquiète au premier sifflement précurseur de l'arrivée d'une « marmite » dont il se faudra garer.

Enfin, la vue des « pékins », la possibilité d'allumer une cigarette ou une bougie le soir, le fait de pouvoir se coucher dans des draps sont autant de vieilles coutumes auxquelles on se réhabitue sans trop de peine...

Cette insécurité constante, — à laquelle les plus braves pensent, — crée une sorte de tension inconsciente de l'esprit qui fatigue, en somme.

Dans les pays où nous venons au repos il y a souvent beaucoup de troupes et les lits sont rares. Je dois ici mon matelas, mes draps et une table pour t'écrire, à l'heureuse rencontre du lieutenant L. Glaenzer (des Roches), qui partage avec moi son logement. Cela me procure de plus une agréable compagnie, ce qui me change de mon milieu...

7 Juillet 1915.

MON CHER PAPA,

On s'habitue, en somme, assez bien à ne plus risquer la balle dans la tranchée ou la *marmite* au cantonnement et le canon dont le bruit ne se fait guère entendre ici, — nous sommes à 12 kilomètres de la ligne, — ne nous manque pas trop !...

Je reçois juste l'*Écho des Roches*. La publication de ma lettre ne s'imposait évidemment pas... As-tu vu que ce pauvre Eysseric a bien été tué en août dernier ? Loubet paraît avoir été sérieusement touché.

8 Juillet 1915.

MON CHER PAPA ,

Nous avons quitté ce soir notre *repos* et prenons demain les tranchées dans un nouveau *secteur*, mais toujours dans la même région, assez calme.

11 Juillet 1915.

MA CHÈRE MAMAN,

Nous voici à peu près installés dans notre nouveau secteur. L'aspect extérieur est moins engageant de ce côté-ci de la Lorraine que dans le petit coin dont je vous ai envoyé des photos.

Pays très vallonné, mais très aride, peu boisé et manquant d'eau. On serait tenté de reconnaitre à cet ensemble désolé l'aspect du classique *champ de bataille*, mais tout est calme.

Le petit pays où nous sommes en réserve est très déplaisant ; l'on ne trouve que difficilement à se caser dans des granges sales. Nous sommes loin des *cottages* de notre dernier cantonnement. Manque d'eau, t'ai-je dit, mais il paraît que nos tranchées sont des modèles de confort et très calmes, étant assez distantes de celles des Boches.

Notre village n'est, paraît-il, *jamais bombardé*, quoique près des lignes. Les poilus *bien informés* disent que cela tient à ce que nombre de ces habitants de la frontière font de l'espionnage, d'où le respect des Boches. C'est évidemment une explication (?). Pourquoi ne pas faire évacuer toute cette zone ?

J'ai été heureux de jouir pendant quelques jours de la chambre et de la camaraderie de Glaenzer. Un peu de sympathie, surtout *rocheuse*, voilà qui n'est pas superflu !

Mes bonnes amitiés aux Pierné.

19 Juillet 1915.

MON CHER PAPA,

Les tranchées où nous prenons les avant-postes sont éloignées de près de quatre kilomètres du village et l'on s'y

11

rend par un dédale de *boyaux* interminables que nous avons trouvés remplis de boue et d'eau.

La frontière, en cet endroit, coïncide presque avec la ligne de tranchées. Quand donc en sera-t-il partout ainsi! Quand débarrasseront-ils notre Pays!...

Nous voyons de notre tranchée en *Bocheland* des gens faire la moisson; nous voyons un pays aux nombreuses cheminées d'usines qui fument avec intensité nuit et jour et qui fabriquent... les gaz asphyxiants!...

J'avais écrit un mot au colonel Briggs, qui était depuis toujours un francophile ardent et dont l'appréciation sur cette guerre m'eût intéressé; mais ma lettre est revenue, malgré mon *please forward*, avec un peu complaisant *gone away* qui m'étonne de la poste anglaise, d'ordinaire moins administrative...

Que devient Paul Ganne?

29 Juillet 1915.

Mon cher papa,

Ici il y a un brave régiment de territoriaux. L'autre jour je remplace de garde un sergent du dit régiment et ainsi qu'il me l'explique : « nous sommes tous de X..., au régiment ».

« Tout le monde connaît le député si aimable, si peu fier; on lui parle comme je vous parle, et si complaisant! Et puis, quand il *promettait* un poste de cantonnier ou un bureau de tabac, on pouvait être sûr qu'il tiendrait — *C'est si rare aujourd'hui!...* » Mon sergent a pu se faire dispenser d'un an de service sur trois. « Aussi me dit-il, cela m'a fait *plaisir* et aux élections je n'ai pas *oublié*... Que voulez-vous, on se rend des services mutuellement et on le fait de bon cœur avec de pareilles « gensses ». Bref, tout le monde est content... »

Ce n'est un secret pour personne que la politique n'était *que cela* avant la guerre; mais, moi, je pense qu'il aura été inutile de se battre si, après la victoire, elle n'est pas tout de même un peu *autre chose*...

5 Août 1915.

A sa sœur.

MA CHÈRE JANE,

J'ai bien reçu ta longue lettre et j'aurais voulu vous écrire (à toi et à Maurice) pendant que la permission si souhaitée vous réunissait à Herblay. Mais une période, tout à la fois très chargée de travail et fertile en rhumes — je fus parmi les élus, — me fit rater la date limite, de sorte que j'aime mieux arriver carrément *après* qu'un peu *en retard*. Je peux ainsi prendre mon temps.

Je conçois quelle joie vous avez dû tous avoir à vous retrouver ainsi, et pour le permissionnaire ce devait être un vrai rêve !...

Les circonstances étaient d'ailleurs admirables : l'anniversaire du départ, la fête de maman, cette réunion, dans *notre campagne aimée*, d'amis et de la famille presque au complet. Tu conçois quel a été mon regret de ne pouvoir tenir la place que vous m'aviez réservée *en pensée* ainsi que me l'écrivait maman...

A coup sûr, la séparation a dû être pénible, mais il faut voir en ce retour éphémère une préparation au retour définitif — il faut bien ménager les transitions, que diable !... Et si ce retour ne doit pas être tout proche, certes on peut envisager la situation avec plus de confiance que jamais. Les craintes des premiers mois sont écartées et les espoirs du début de l'année ont été remplacés par une appréciation plus nette des faits.

La photo des petites m'a bien amusé ; Jacqueline a toujours sa bonne petite « balle », Suzanne est toujours très « petit ange », mais pourquoi, diable, avais-tu battu cette pauvre Simone ?...

15 Août 1915.

MON CHER PAPA,

Notre cours se passe sans incidents.

Nous sommes un certain nombre à avoir déjà suivi le premier cours et (contrairement à ce qu'on nous avait dit), comme on y traite à peu près les mêmes questions, nous servons un peu *d'instructeurs*. Il y aurait eu des choses plus intéressantes à nous apprendre, mais cette révision ne nous fait pas de mal.

En tout cas, en rentrant des tranchées, c'est sans regret que nous avons pour quelques jours trêve de vermine et de boue.

Nous avions besoin de *détente* et nous *chahutons* comme des collégiens en dehors des cours. Notre instructeur, — un très chic capitaine de chasseurs à pied, — ne peut que constater que le *moral est excellent!*

J'apprécie de me trouver avec des camarades d'un niveau relevé et avec lesquels on peut causer un peu, cela change tellement!

Dans ce pays, où pourtant l'on voit tant de soldats, l'accueil fait aux militaires est inlassablement enthousiaste. Je suis chez de braves commerçants retirés qui passent leurs journées à la pêche et je suis maître de la maison où je suis fort bien.

26 Août 1915.

MON CHER PAPA,

Je suis bien heureux du succès d'André.

Depuis mon retour nous avons occupé, pour quelques jours, des tranchées délicieuses près d'une digue, d'un étang et d'un canal. Nous ne sommes pas en vue. Secteur calme. Les tranchées sont bien aménagées; on n'a pas à y travailler. La journée se passe à la chasse et à la pêche. On y emploie les moyens les plus illicites (pas de gendarmes!) : éperviers, pétards, explosifs. Lorsqu'il tombe des obus boches dans l'étang, cela donne une pêche miraculeuse! Il y a de tout : brochets, brêmes, cigognes, canards, perdreaux, etc... C'est une vraie villégiature que l'on nous a offerte pour quelques jours.

30 Août 1915.

MON CHER PAPA,

Je t'envoie la photo des acteurs de notre revue. Tu constateras la familiarité, — augure certain d'une paix prochaine, — avec laquelle le Président Poincaré côtoie le Kronprinz. Une brave femme, qui m'avait vu déguisé, m'a dit que c'est grâce à moi qu'elle a pu reconnaître le Président dans le cortège lors de sa récente visite! Très flatteur pour la réussite de ma tête.

6 Septembre 1915.

MES CHERS PARENTS,

Je vous envoie mes plus tendres affections de ce pèlerinage : « La Colline Inspirée », de Barrès.

6 Septembre 1915.

MON CHER PAPA,

Grand tuyau : — la division quitte la Lorraine et doit être appelée, nous dit le Général, à de nouvelles destinées dans un autre pays vers lequel on doit nous embarquer prochainement. — Champagne? Argonne? Il paraît que nous n'irions plus aux tranchées? Est-ce l'offensive, la guerre de mouvement? Attendons...

11 Septembre 1915.

MA CHÈRE MAMAN,

Il semble que nous ne nous embarquons pas aussi vite que nous le pensions pour la *direction inconnue*.

Nous sommes ici assez tranquilles et faisons pas mal d'entraînement. Toutes les permissions sont suspendues en attendant les événements.

Malgré les batailles énormes en Russie, la situation paraît peu changer. On n'ose plus faire de pronostics!

En venant sur le front, je pensais en avoir pour trois mois au plus... Aujourd'hui je ne pense plus rien...

22 Septembre 1915.

Mon cher papa,

Nous nous acheminons par étapes vers un point inconnu...

Avant-hier donc, départ en camion-auto, empilés à vingt dans les seize places. Quatre-vingt kilomètres ainsi et de là, pour ne pas fatiguer les autos, nous gagnons, après six kilomètres de côte à pied avec tout le paquetage, un village où nous couchons.

Nous paraissons nous diriger un peu du côté où ce pauvre Jean Hillemacher est tombé voilà un an!

Je reçois un mot de Tripet. Est-il donc déjà revenu sur le front après cette terrible blessure?

8 Octobre 1915.

Mon cher papa,

Nous quittons ce pays et même cette région. Pour où? Certainement *loin*...

Nous partons en chemin de fer. On dit vers Dijon. Et après? Alsace? Salonique?

10 Octobre 1915.

Mon cher papa,

Nous avons été heureux de quitter cette Champagne que nous avions connue avec la pluie, ses vilains ciels gris, ses horizons monotones, sa boue blanchâtre.

Un regret, au fond, de n'avoir pu donner un petit coup d'épaule pour ébranler un peu plus avant la muraille boche...

Voyage de vingt-quatre heures, nous débarquons en...
Haute-Alsace! Un soleil radieux; de jolies prairies bien vertes,
irriguées par des rigoles dérivées des mille torrents qui jaillis-
sent à chaque pas; des maisons aux toits pointus, et des fonds
superbes de montagnes arrondies et boisées, auxquelles l'au-
tomne commence à donner des teintes si variées.

Le soir, au coucher du soleil, chaque coteau, chaque vallée,
chaque coin de ciel, suivant son éclairage, prenait une teinte
admirable, bleu, violet, orange!... C'est un changement si
brusque que nous ne pouvons contenir notre admiration naïve...

Les tuyaux?

Nous viendrions ici pour remplacer une division qui part
en Serbie? Nous aurions failli partir à sa place...

Dernière heure : nous devons nous tenir prêts à partir
d'une seconde à l'autre en chemin de fer. Le bruit court que
nous serions adjoints à la division qui part en Serbie et alors
ce serait le voyage en bateau...

Mais ce sont là des bruits, attendons...

Vaux-en-Velin (Rhône). 24 Octobre 1915.

Mon cher papa,

Toujours rien de nouveau quant à notre départ; toujours
la même incertitude.

Ainsi tous les hommes qui ont été habillés hier en kaki sont
emmenés à pied avec *armes, casques, cartouches*, à Lyon (18 kilomètres aller et retour) pour se faire remettre en bleu! Il paraît
d'ailleurs que nous serons tous remis en kaki, soit à Marseille,
soit à Salonique!! Souhaitons que les Serbes ne soient pas trop
pressés...

Vaux-en-Velin (Rhône). 28 Octobre 1915.

Ma chère maman,

Bien reçu ton mot. J'espère que ta chute qui a terminé
votre court séjour ici ne t'aura rien laissé. Nous sommes tou-

jours sur le *point de partir*. Cette attente *sous pression* devient
odieuse. On dit qu'il y a encombrement à Marseille et que ce ne
serait que dans quelques jours...

Vaux-en-Velin (Rhône), 28 Octobre 1915.

A son frère.

MON VIEUX,

Bien reçu ta lettre, c'est un hasard, car la poste n'a pas
encore *réussi* à nous faire parvenir les lettres arrivées à notre
régiment, quitté depuis *dix jours*, et nous sommes à Lyon, deuxième
ville de France! Que sera-ce en Serbie? Du reste, comme tu le
dis, je ne pense pas que ce soit *la pause* là-bas à aucun point de
vue.

D'après tuyaux, cartes et brochures : altitude entre mille
et deux mille mètres, une route tous les trois cents kilomètres,
de rares villages. *Un* (pas deux, un!) chemin de fer et encore
la ligne est-elle déjà coupée en deux endroits.

Je crois, en effet, que les Bulgares sont assez bons pour
vous couper un tas de choses quand ils vous pigent!

Enfin, je me dis que s'il y a quantité de sales coins sur
notre front, il peut tout de même en exister de pas trop mauvais là-bas et il faut souhaiter que la veine nous suive, c'est la
grosse question, l'unique, lorsque l'on n'est pas résolu à l'embusquage systématique.

Je ne compte guère trouver beaucoup de confort ni sur le
bateau (voyez cale, où sont les « Deck-Cabins? »), ni là-bas;
il faut s'attendre à geler, à bouffer des briques et des kilomètres...

Marseille, 6 Novembre 1915.

MON CHER PAPA,

Deux mots pour te dire que nous sommes bien arrivés ici.

Je ne sais si je vais voir les Saint-René, auxquels j'ai
envoyé un télégramme.

Nous embarquons (je pense dans l'après-midi) sur le *Memphis*.

Je vous envoie encore une fois, avant de quitter notre cher Pays, toutes mes plus tendres affections et vous embrasse de tout cœur. Mille choses aimables, affections, baisers à tous et ayons confiance!...

Marseille, 8 Novembre 1915.

MON CHER PAPA,

Heureux d'avoir vu les Saint-René, qui m'ont apporté les affections de tous et m'ont reconduit au bateau où je pars, — par un beau temps assez calme. Je jette cette carte qui vous portera mes plus tendres affections.

A bord du *Memphis*,
10 Novembre 1915.

MON CHER PAPA,

Il est question que nous fassions escale à Malte. Je m'empresse de te donner de mes nouvelles.

J'ai été bien heureux d'avoir les Saint-René le jour de mon départ. J'ai goûté égoïstement le plaisir de déjeuner avec eux, de les voir m'accompagner au bateau après m'avoir suivi dans mes pérégrinations à travers la ville ; mais je suis un peu confus du tracas que je leur ai donné, les obligeant à aller à Toulon en hâte, à revenir à Marseille non moins précipitamment, à courir après moi dans toutes les directions et je tremble un peu pour la santé de Suzanne qui, cependant, n'avait pas mauvaise mine, mais devait être absolument éreintée!

Enfin, j'espère que ce petit surmenage n'aura pas eu de conséquences fâcheuses pour sa santé et je suis heureux d'avoir eu la cordiale affection de ces bons amis dans les moments toujours émouvants, — cette fois là plus que jamais, — où l'on quitte la terre...

Le *Memphis* est un assez vieux *clou* de trois mille tonnes. Nous y sommes environ 700, — c'est te dire que l'empilage est odieux. Les chevaux, les hommes sont dans les entreponts à marchandises ; l'odeur, le manque d'air, la saleté, l'obscurité, — on navigue tous feux éteints, — sont horribles.

Nous avons fait escale à Toulon pour nous joindre aux deux autres transports et prendre un convoyeur (torpilleur).

Nous avons doublé la Corse, l'île d'Elbe et sommes vers le sud de l'Italie.

Il paraît que cela devient dangereux par les sous-marins ; c'est la grosse préoccupation. On nous a distribué des ceintures ; il y a de nombreux guetteurs ; nous avons deux canons de trente-sept avec des canonniers de la marine ; les embarcations sont *parées* et on ne tolère aucun feu !

Il est réellement dur qu'on ne nous ait pas donné de permission avant de quitter la France et je suis bien heureux que vous ayez pu venir m'embrasser avant mon départ.

A Marseille j'ai remarqué une animation folle ; ce mouvement est un étonnement pour l'homme du front, d'autant que les villages, eux, semblent très éprouvés par la guerre.

En raison de la vitesse réduite d'un des bateaux, nous ne marchons qu'à 9 nœuds et nous mettrons probablement une huitaine de jours.

Nous sommes bien mal pour écrire et je m'arrête, la tête me tourne...

Nous sommes en vue de la terre. Cela paraît bien long et cependant ce sont peut-être les meilleurs jours de notre expédition que nous passons !...

A bord du Memphis,
14 Novembre 1915.

MA CHÈRE MAMAN,

Notre voyage touche à sa fin, je pense. Il aura été allongé par la marche en zig-zag (pour dépister les sous-marins) et la marche très lente d'un des bateaux de notre convoi.

Nous sommes tous heureux de débarquer. Il fait *très chaud* par ici, et pas de toiles, pas de bancs, rien comme aménagement : on ne sait où se fourrer.

Nous avons passé toute la journée en vue d'îles grecques. J'ai une désillusion de les voir si arides.

Ce soir un des petits torpilleurs qui nous protègent en tournant autour de nous comme un fidèle chien de berger et qui, recevant par T. S. F. les ordres secrets de route, nous les communiquent par signaux, nous a fait savoir que nous devions modifier notre route vers l'est et nous nous dirigeons vers Moudros (île de Lemnos) où nous serons demain matin.

Que veut dire ce brusque changement?.... C'est la grande question. Nous sommes depuis huit jours sans aucune nouvelle ; qu'a-t-il pu se passer depuis? Que font la Grèce, la Roumanie ?

Lemnos est la base d'opérations pour les Dardanelles. Nous y enverrait-on ?

C'est incroyable de penser que l'on a pu rester huit jours sans aucune nouvelle du grand drame que l'on suivait minute par minute et alors qu'il était à une période si aiguë !...

Je ne pensais pas à te dire que nous n'avions pas fait escale à Malte, — ce mot partira avec l'autre ; on nous dit que les lettres pourront être mises à Moudros, c'est pourquoi je me dépêche de griffonner ces lignes presque dans l'obscurité.

SUR LE FRONT D'ORIENT

Salonique. 17 Novembre, 16 heures.
via Malte.

Bien arrivé.

JEAN.

Salonique, 18 Novembre 1915.

MON CHER PAPA,

J'ai réussi à t'envoyer hier une dépêche, grâce à un officier qui a bien voulu me la porter. Je suis heureux d'avoir pu le faire, car il faut bien penser que nous serons très sevrés de nouvelles...

Dans mon dernier mot je te disais que notre bateau faisait route vers Lemnos. Nous sommes, en effet, entrés la nuit dans la grande rade de Moudros que protège une triple rangée de filets métalliques et dans laquelle règne une grande activité de navires de guerre alliés et de cargos.

Il y a plusieurs centaines de navires! Sur les rivages toute une floraison de tentes polyformes françaises et anglaises et un actif grouillement ; mais rien du spectacle enchanteur que je m'attendais à trouver dans cette île grecque ; de hautes montagnes du plus aride aspect, tout autour de la rade, des grèves sablonneuses et grisâtres...

Bref, cela n'était qu'une manœuvre pour dépister les sous-marins et nous sommes repartis le jour même sous forte escorte et par un fort vent pour Salonique où nous sommes arrivés au point du jour.

Baie grandiose, joli lever de soleil qui teinte d'orange les cimes *blanches* de *neige* des montagnes entre lesquelles nous défilons. Brrr!! un petit frisson anticipé à l'aspect de cette neige avec laquelle nous ferons prochainement connaissance à coup sûr!...

Nous jetons l'ancre dans la baie remplie de cuirassés alliés. Oh! comme ces beaux canons des *dreadnoughts* doivent retirer aux braves Grecs toute envie de se mettre mal avec nous! Une bordée, et que resterait-il de la ville en nougat qui s'étage là-bas avec ses minarets, bien située, mais avec d'affreuses constructions?

Nous débarquons par une *forte chaleur* (car ici par la latitude nous avons au moins la chaleur de Marseille *le jour*). Nous sommes heureux de quitter le *Memphis* où nous avons été empilés *pendant neuf jours*.

Dans le port un grouillement (semblable à celui de Lisbonne et des ports du Brésil); de petites barques avec des mercantis pouilleux qui nous vendent à des prix déraisonnables oranges, figues, etc.

A terre nous sommes assaillis par nombre de marchands. Journaux rédigés en français. Nous nous attendions, anxieux, après neuf jours d'isolement, à apprendre des nouvelles sensationnelles; mais nous voyons par les communiqués, hélas! que l'on en est toujours à prendre et reprendre des tranchées en Champagne!... Pas de ministère Venizelos! Nous passons dans une ville d'une saleté repoussante, sans pavés, pleine de poussière, où circule une foule en guenilles avec de nombreux spécimens, bien peu reluisants, de l'armée grecque.

Beaucoup de soldats français, des gendarmes, quantité d'Anglais, très chics dans des autos et des camions somptueux, en files interminables. On nous conduit dans l'immense camp français, en face du camp anglais; des baraquements à n'en plus finir, des tentes qui ont poussé comme des champignons et

partout une grande activité. Des aéros français survolent la
ville. Quel remue-ménage ! Et comme on comprend combien
une expédition de ce genre peut être compliquée à organiser !

Le camp est à quelques kilomètres de la ville, un peu
élevé sur des plateaux où pousse une herbe rare. Pas un seul
arbre à l'horizon ! ! Nous nous installons là avec le peu de
confort que l'on pratique dans notre armée, avec nos tentes
individuelles (chacun porte un quart de tente où l'on couche
par conséquent à quatre). Ces tentes sont réellement insuffi-
santes pour faire campagne, trop *jouet*, et offrant un abri
précaire contre les intempéries. A partir de maintenant nous
n'aurons plus *que cela*. Les villages sont très rares et misérables ; le climat est très dur, nous nous en sommes déjà rendu
compte ; journées très chaudes, mais nuits *très froides* ; nous
avons déjà gelé et nous sommes dans la partie la plus tempérée !

La Serbie est presque partout très montagneuse et le
climat y est très rigoureux.

Il nous faudrait des fourrures et de solides tentes, mais
comment porter tout cela ? Les Anglais ont de nombreuses
voitures qui les suivent, eux.

Nous voilà entrés dans la période de vie sauvage et tout
le monde, (officiers aussi) va être obligé de se faire à cette vie de
bivouac perpétuel.

Il paraît que (probablement demain) nous allons quitter
ce camp pour aller un peu plus loin où va se constituer le groupe
de Vaux-en-Vélins, encore incomplet.

Ai fait chercher Carcopino. Il est en France en congé de
vingt jours !...

Impossible de sortir du camp pour aller à Salonique même.

J'écris de ma petite tente qui, évidemment, manque de confort.

Dis bien aux Saint-René combien leur visite à Marseille
m'a fait plaisir ; dans la bousculade du départ je ne leur ai guère
dit combien j'étais sensible à leur attention et désolé du déran-

gement que je leur avais occasionné et qui avait été cause de
tant de tribulations pour eux!

Mes camarades dorment dans la tente; par un prodige
j'arrive à vous écrire sur mes genoux, éclairé par une bougie
qui veut bien tenir par miracle sur un bout de fil de fer! Je
vous dis bonsoir, je voudrais pouvoir faire partir cette lettre
demain matin. Il me semble bon de penser à vous, si loin,
dans la solitude du camp endormi...

24 Novembre 1915.

Mes chers parents,

Je vais fort bien. Nous voilà devenus de vrais montagnards. Les nuits sont fraîches sous la tente. Nous escaladons
beaucoup et nous commençons à nous organiser et à nous
installer avec un peu de confort dans cette partie de la Serbie
où l'on ne trouve rien et où il faut tout faire soi-même. C'est
tout ce travail qui m'empêche encore aujourd'hui de vous écrire
longuement comme je veux le faire depuis que nous avons quitté
Salonique.

Encore reçu aucune correspondance depuis le débarquement.

Front Serbe, près de Demir-Kapou.
27 Novembre 1915.

Mon cher papa,

Une neige abondante (la première ici) me fait rester dans
une petite cabane creusée en terre, recouverte de branchages et
qui me sert d'habitation; je pense avoir aujourd'hui un peu de
répit pour te donner mes premières impressions. Je m'empresse
de te dire qu'elles ne sont pas mauvaises, malgré la vie si étran-
gement nouvelle que nous menons...

Nous avons quitté Salonique assez rapidement, deux jours
après notre débarquement. Départ en chemin de fer; le voyage
se fait en suivant la vallée du Vardar entre les montagnes sou-

vent assez abruptes. On nous avait prévenus que le voyage
pouvait être mouvementé à un certain moment où l'on passe
près de la frontière bulgare d'où les trains sont quelquefois
mitraillés. Il n'en fut rien. Mais, dès notre entrée en territoire
serbe, nous entendîmes le canon. Nous avions perdu l'habitude
de ce bruit et nous constatâmes avec plaisir que c'étaient nos
75 qui bombardaient les crêtes bulgares d'où aucune réponse
ne se fit entendre. Les Serbes nous voient passer avec joie comme
tu dois le penser. Ils ont tous l'air de bien pauvres paysans
montagnards et les *militaires* que nous voyons ont des accoutre-
ments impossibles! Je parle avec un capitaine serbe qui regrette
notre lenteur (surtout celle des Anglais) à venir leur prêter la
main; il me dit que cela ne marche pas mal, — mais on a de
si vagues nouvelles qu'on ne peut guère formuler d'opinion.

Nous arrivons le soir à Demir-Kapou, après avoir traversé
des montagnes très escarpées qui ne laissent qu'un passage
étroit pour le train dans des cols. Le lendemain matin, nous
allons prendre nos postes. Nous avons une mission défensive
dans une petite vallée qui arrive au Vardar le long duquel passe
le seul chemin de fer du pays, à voie unique.

Depuis notre arrivée nous nous adaptons à ce métier de
guerrier, chasseur, brigand, montagnard. C'est très *pittoresque!*

J'ai été mis avec mon peloton dans une petite vallée que j'ai
mission de garder et de défendre, le cas échéant. C'est le retour
à la vie simple; chacun se débrouille pour installer sa tente ou
sa cabane du mieux qu'il peut. Nous avons tout près une
source qui nous donne une eau claire et froide. Cuisine en plein
air, bien entendu, et l'on parle déjà d'améliorer l'ordinaire par
la chasse et la prise de bétail!... On travaille aux pièges.
Nous avons construit quelques bouts de tranchées derrière des
rochers dans la montagne. C'est étonnant l'impression de force
que donnent ces positions élevées pour la défensive et l'on
comprend que là, comme dans les Karpathes, comme sur le front

italien, la guerre ne puisse être que très lente. Les Poilus disent : « les Bulgares peuvent s'amener, on les attend »!

Quelle antithèse avec la Champagne! Là-bas de vastes plaines, des effectifs formidables, des formations serrées, des trombes d'artillerie et de balles; ici un pays tout coupé de montagnes abruptes, aux pentes caillouteuses et couvertes seulement d'arbres rabougris; *pas* ou peu d'artillerie, de petits détachements, une guerre de chasseurs d'embuscades. Pour ceux qui trouvent un charme au *sport* de la guerre, il est bien évident que c'est bien plus *amusant* ici qu'en Champagne...

Il faut bien te figurer qu'il n'y a pas de routes ici. Je parle naturellement du coin de la Serbie où nous sommes. Il y a l'unique chemin de fer qui, de Salonique, ravitaille toute la Serbie, et sur lequel se rencontrent de rares villages d'où partent des sentiers où souvent même les mulets ne peuvent passer. Les pentes des montagnes rocailleuses sont très dures à gravir. Lorsque l'on est chargé avec le sac, c'est odieux et presque impossible. *On renvoie* tous les chevaux, voitures, caissons que l'on avait apportés; seul le transport à dos de mulet est possible. C'est te dire combien tout est lent, pénible et pourquoi tout est aussi primitif. Les opérations, par ici, paraissent devoir être calmes. Notre rôle, dans ce secteur, est de défendre cette ligne, artère de la Serbie et qui passe ici très près de la frontière bulgare.

Nous faisons de temps en temps quelques promenades-reconnaissances dans la montagne. Voici par exemple une opération réussie ces jours-ci : un village, près d'ici, était supposé tenu par les Bulgares. Deux compagnies d'infanterie, après reconnaissance, s'y sont portées; les Bulgares ont peu résisté (pas un seul blessé chez nous). Les populations turques qui habitent le pays (ce territoire a été conquis aux Turcs en 1913) se sont enfuies et, résultat intéressant ici, on a rapporté des troupeaux de chèvres et de vaches que nous gardons et dont nous nous nourrissons! C'est la *razzia!*...

Le climat est dur déjà ; les nuits sont très froides surtout avec nos installations rudimentaires, mais nous travaillons à couper du bois en montagne et à faire des petits foyers dans nos cahutes. Il faudra que nous nous garantissions mieux aussi comme vêtements ; nous devrons adopter les fourrures.

Je ne crois pas que l'on ait sérieusement préparé une campagne dans ce pays-ci et surtout une campagne *d'hiver*. On a donné aux hommes un tricot et une paire de chaussettes de laine, et, pour la montagne, on a remplacé les voitures à quatre roues par de petites charrettes à deux roues, et voilà !...

Nous pourrions réellement vivre moins en sauvages que nous ne le faisons. Remarque que nous sommes *sur la ligne*, à 128 kilomètres de Salonique, où plusieurs trains passent chaque jour ; on pourrait, par conséquent, avoir bien des choses. Or, nous n'avons pas encore eu de lettres, pas un seul journal ; les hommes manquent de savon, rien en dehors du ravitaillement réglementaire (viande et quelques légumes), pas ou peu d'outils ou de matériel pour nous aménager des abris (scies, haches, papier goudronné, etc...) Rien, rien, et dans les rares villages on ne trouve même pas une boîte d'allumettes.

Aucune nouvelle, cela est pénible !

De nombreux trains *vides* passent ici et paraissent s'en retourner pleins de matériel vers Salonique. Que veut dire tout cela ?..

Je suis bien anxieux d'avoir de vos nouvelles. Que fait André à sa sortie de l'Ecole ? Où est Maurice et comment allez-vous tous ?

La neige est tombée assez fortement aujourd'hui, mais je ne pense pas que ce soit encore la neige définitive qui couvre le pays pendant plusieurs mois d'hiver. Nuits froides, mais il y a de belles journées avec soleil.

Ce n'est pas encore ce Noël que nous passerons *at home*. Je crois bien que nous le verrons ici paisiblement dans notre montagne glacée !...

30 Novembre 1915.

Mon cher papa,

Après la première chute de neige de l'autre jour, le thermomètre est sérieusement descendu. Je viens de prendre deux jours d'avant-postes sur un petit pic (1 h. 1/4 d'ascension) et nous avons réellement souffert du froid. Un vent *terrible*, glacial et mêlé de neige, nous pénétrait, soulevant le toit de la petite cabane où nous nous abritions.

Impossible de se réchauffer ni de dormir. Assis en rond autour du feu, nous n'en avions pas moins des *plaques de glace* dans le dos ! Il paraîtrait que le thermomètre est descendu à — 20°.

15 Décembre 1915.

Mon cher papa,

Je ne sais quelles informations vous avez pu avoir, mais évidemment vous n'avez pas été sans passer des moments d'inquiétude. En ce qui me concerne, j'ai battu en retraite avec mon escadron depuis le kil. 113, après que le pont du Vardar eût sauté. Nous avons protégé la retraite. Les Bulgares nous ont souvent serrés d'un peu près et nous avons dû fournir des étapes dures; j'ai même dû abandonner mon sac trop lourd, dans une marche forcée. Partout, j'ai pu le constater et les régiments que nous avons vus nous l'ont dit, les Bulgares, probablement poussés par les Boches, ont attaqué avec une *violence furieuse* pour essayer de couper notre armée qui était assez engagée dans la véritable impasse que constitue cette vallée du Vardar.

Partout ils ont été maintenus et notre artillerie et nos mitrailleurs ont fait des *hécatombes terribles* dans les *rangs serrés* qui s'avançaient. Nos pertes ont été très légères, malgré des tentatives d'encerclement presque réussies.

Nous voici à quelques kilomètres de la frontière gréco-serbe dans une situation d'attente. Que va-t-il se passer maintenant? Allons-nous reprendre une offensive, quand les renforts seront parvenus, pour reconquérir la Serbie qui paraît complètement envahie? Allons-nous battre en retraite jusqu'à Salonique, dont on ferait un camp retranché où, avec les Anglais, on attendrait l'attaque des Bulgaro-Boches??

Je ne pense pas que l'histoire ait jamais enregistré le spectacle d'une nation assistant, *neutre*, à une guerre disputée sur son territoire!...

18 Décembre 1915.

Mon cher papa,

Nous nous sommes, comme je te l'avais dit, arrêtés à quelques kilomètres en arrière de la frontière grecque. Nous venons de nous établir un peu plus au sud, en Macédoine. Nous avons fait une étape très dure par temps doux, cette fois, mais avec une pluie incessante et *dans les marécages*. Nous avons été trempés de tous les côtés, par en haut et par en bas; il a fallu nous arrêter et nous reposer là-dedans sans un fil de sec, toujours sous la pluie et dans la boue! Nous avons connu le froid en Serbie, sans abris; je crois que vivre dans l'eau est encore plus odieux. Enfin, hier, nous avons considéré comme une aubaine de pouvoir nous abriter, faire du feu et dormir dans d'innommables masures gréco-turques abandonnées et dans lesquelles, en temps ordinaire, on n'oserait pas entrer!

Enfin, nous sommes tranquilles pour le moment, sans rien comprendre à la situation générale.

Mais revenons aux réalités; il faut bien s'attendre à ne pas passer encore le jour de l'an *at home* et je ne veux pas attendre plus longtemps (les communications sont si lentes) pour vous envoyer, pour vous et tous les nôtres autour de vous, mes vœux les plus tendres. Je n'ai pas besoin de vous dire ceux que je formule, et le cœur que j'y mets; éloigné de tous, ma pensée sera plus que jamais concentrée vers vous. Je vous embrasse bien tendrement.

18 Décembre 1915.

A son beau-frère,

MON VIEUX MAURICE,

Je ne sais si vous recevez mes lettres ; nous sommes, ici, sans nouvelles des nôtres ni presque de ce qui se passe.

Je te disais, la dernière fois que nous nous disposions à battre en retraite. C'est chose faite ; tu as dû le voir dans les journaux, et tu n'as pas été sans te sentir un peu intrigué de ce qui avait pu m'arriver dans un pareil mouvement stratégique.

Dans l'ensemble, belle réussite du mouvement que les Bulgares ont d'ailleurs quelque peu hâté par leurs *offensives folles en masses* dans lesquelles ils ont perdu beaucoup de monde par nos mitrailleuses et nos canons. Par moments nous avons été serrés de près, et un jour, nous l'avons échappé belle, presque par miracle.

Petite unité, nous avons servi de bouche-trou partout. La veille du jour fixé pour l'évacuation de notre point, je monte avec mon peloton (30 hommes environ) prendre position sur un piton assez élevé (une heure et demie de marche) qui commande la vallée du Vardar et le chemin de fer le long duquel on doit battre en retraite. Dans la soirée, la fusillade s'est rapprochée tout autour de nous, en avant, à droite, à gauche. Les Bulgares poussent dur. Il faut tenir jusqu'à ce que le pont ait sauté et qu'une compagnie d'infanterie soit passée — nous avons à protéger sa retraite.

Nuit calme dans le brouillard, mais je t'assure que nous ne dormons pas dans notre petit fortin que protègent quelques *abatis* (pas de fils de fer). Les Bulgares n'attaquent pas la nuit ; d'ailleurs c'est à peu près impossible dans ces montagnes. Le matin, au petit jour, fusillade violente, notamment à notre gauche où un peloton de chez nous, qui occupe un piton et avec lequel nous sommes en liaison, est attaqué par plusieurs centaines de Bulgares qui se jettent avec un culot fou à l'assaut de

la position très dure, malgré les grosses pertes qu'on leur fait
subir pendant *plusieurs heures*. Puis il tournent complètement le
fortin et le submergent par le nombre, obligeant nos braves
camarades à se replier, laissant trois morts. Ce sont des
« hourrahs » sauvages et je vois très bien les barbares, debout
sur la position conquise, au moment où je venais, mais trop tard,
en renfort, avec une douzaine de poilus. Je suis salué d'une
belle fusillade qui blesse gravement un homme et je me replie
avec les autres dans mon fortin. Nous attendons notre tour
dans un brouillard épais et sans pouvoir compter sur un renfort.
Cela ne tarde pas à venir, quelques coups de feu sur nos sentinelles qui se replient et tout le monde *sur le pont*, je veux dire
aux créneaux. Nous ne voyons rien à cause du brouillard intense,
mais nous *entendons* la préparation de l'attaque, parfaitement
bien : paroles sauvages, commandements brutaux, coups de
sifflets, travailleurs creusant des trous de tirailleurs. Et tout
cela se rapproche de plus en plus ; mes guetteurs, dans les *abatis*,
voient des ombres à quelques mètres dans le brouillard ; ils
reçoivent des coups de feu. Les Bulgares avancent prudemment
mais sûrement et nous sentons qu'ils nous tournent progressivement. Ils sont déjà sur trois côtés !... Un grondement formidable dans la vallée : c'est le pont du Vardar qui vient de
sauter. Un silence complet chez les sauvages, puis quelques
commandements et le travail recommence. A partir de ce
moment, je n'ai pas besoin de te dire avec quelle angoisse nous
attendons l'ordre de repli sauveur !... d'autant plus que le
brouillard, qui retarde les opérations, menace de se dissiper.
Notre situation est d'autant plus critique que, n'étant pas en
nombre pour résister et sentant que, *logiquement*, nous pourrions
presque nous replier, il nous faut, *militairement*, tenir et attendre
l'ordre. Un retard de quelques instants, l'attaque sera peut-
être déclanchée et nous serons « accrochés », ou le brouillard sera
dissipé et nous ne pourrons plus nous esquiver sans être vus...

Enfin, le brouillard *tient* encore un peu. Les Bulgares se sont, à un moment, rapprochés des *abatis* et ont dirigé une fusillade sur nos créneaux. Nous n'avions pas encore tiré pour ne pas donner d'indications sur notre nombre, et c'est peut-être cela qui nous a sauvés! Nous sentons que l'activité redouble autour de nous. J'ai la conviction que le *rush* est proche maintenant, et toujours pas d'ordre!... J'observe et écoute avec fièvre. Il est inutile de recommander l'attention, on sent que *ça vient* et tous ont le doigt sur la gâchette. Des commandements au sifflet très proches et, à la faveur d'une éclaircie, je vois dans la brume très distinctement une ligne de tirailleurs, sacs au dos, qui exécutent un bond en montant vers nous. C'est l'attaque, il n'y a plus de doute. C'est ici que se place le véritable *coup de théâtre* qui fut notre salut. Comme je viens dire à l'officier ce que j'ai vu, je me trouve nez à nez avec l'agent de liaison qui apporte l'ordre de repli sauveur!...

En une seconde on commande *sac au dos*, juste au moment où une fusillade s'abat sur nos tranchées; les Bulgares sont dans nos *abatis*, poussent déjà des « hourrahs » sauvages. Nous tirons quelques coups de feu, un ou deux Bulgares sont *descendus*; on rate l'officier qui a eu le culot de s'avancer seul sur le parapet, la cravache à la main. Il est inutile de rester, et d'ailleurs on aurait peine à retenir les hommes puisque nous avons ordre de nous replier. C'est alors que prit place la plus belle course en montagne qu'il soit possible d'imaginer. Nous ne courons pas, nous *volons* littéralement en descendant les pentes abruptes de la montagne, d'autant plus que les Bulgares nous tirent *de là-haut*. Comment ne sommes-nous pas touchés? Comment ne nous cassons-nous pas le cou en faisant des bonds de deux mètres dans les rochers?... C'est miracle. Nous avons dû abandonner le sac, moi je m'entête à garder le mien, mais j'arrive jusqu'en bas *littéralement fourbu* par cette course diabolique et je me décide à le lâcher aussi lorsque, à peu près protégés des vues d'en haut par les nuages au-dessous desquels nous sommes maintenant, nous pensions arriver en sécurité près du poste de commandement organisé en fortin. Nous y sommes accueillis ... par des coups de feu, les Bulgares occupant déjà la place ! Pas de temps à perdre, il faut gagner rapidement sur la gauche et reprendre notre course. Enfin, nous voici sur la voie près du Vardar, la seule route pour toute la retraite. Nous retrouvons notre escadron et nous pouvons partir en marchant simplement assez vite, protégés à notre tour dans notre retraite par des unités plus en arrière.

Inutile de te dire que nous goûtons cette sécurité relative après ces vingt-quatre heures d'émotion et nous sommes joyeux de nous retrouver *tous* (deux blessés et deux entorses) alors qu'il s'en était fallu d'un cheveu que nous n'y restions tous !... C'est égal les Bulgares ont dû *l'avoir sec* de ne trouver aucun des nôtres, mais je t'assure qu'aucun ne tenait à rester entre les mains de ces sauvages. Ces types-là ont un *culot* phénoménal, un mépris de la mort complet. Ils s'avancent en rangs successifs et serrés sur les mitrailleuses ou même sur les canons sans tenir compte de ceux qui tombent. Ils escaladent au pas de course des pentes que nous montons péniblement. Ils ont subi des pertes terribles pendant toute notre retraite, qu'ils ont fait activer, mais ils n'ont jamais pu nous couper. Nos pertes ont été relativement très faibles. Le matériel a pu être évacué ; ce qui restait le dernier jour a été brûlé ou jeté à la rivière.

Le lendemain de notre décrochage, étape très dure d'une huitaine de kilomètres. Voilà trois jours que nous sommes sur le qui-vive sans dormir. Notre groupe est une malheureuse petite unité dont on ne sait que faire et voilà encore qu'une division d'infanterie nous réquisitionne comme renfort pour protéger la retraite. On nous trimballe toute la nuit dans des endroits impossibles dans la montagne où l'on ramasse une *bûche* tous les dix mètres. Puis le lendemain matin on nous fait creuser des tranchées pour attendre et contenir les Bulgares. Merci, nous sortons d'en prendre! Ces heures pendant lesquelles on attend un ordre qui peut être notre salut sont odieuses. Enfin, le matin, le pont de Stroumitza saute et l'ordre de repli arrive juste au moment où les balles commencent à nous siffler aux oreilles!

Enfin, nous voici en territoire grec. Les Bulgares n'ont pas franchi la frontière, nous sommes à peu près les plus avancés et à environ 3o kilomètres de la frontière.

Il ne se passe rien : il semble que, progressivement, nous nous rapprochions de Salonique dont on parle de faire un camp retranché?... Après avoir connu le froid dans les montagnes serbes, nous voici dans l'eau et la boue des marais de la Macédoine grecque. C'est affreux comme existence. Nous en sommes à considérer comme une aubaine de pouvoir (pour la première fois) cantonner dans d'innommables masures turco-grecques abandonnées, où en temps normal on n'oserait même pas entrer!

Enfin, nous nous portons tous admirablement, malgré toutes ces misères.

Voici encore un jour de l'an qu'il faudra se résigner à ne pas passer ensemble! Ma pensée, n'en doute pas, sera avec vous. Reçois mes vœux les plus affectueusement fraternels pour toi, Jane, les chères petites.

25 Décembre 1915.

MES CHERS PARENTS,

Noël!...

Nous avons eu, hier, une touchante messe de minuit dans une misérable grange... Nous sommes pour le moment fort tranquilles bien qu'aux *avant-postes;* mais ceux-ci sont bien spéciaux, puisque nous sommes à une trentaine de kilomètres de la frontière serbe où se sont arrêtés les Bulgares et que nous avons encore devant nous l'armée grecque qui, elle, malgré les sympathies du Roi pour la cause boche, ne laisserait pas facilement entrer ses ennemis exécrés, les sauvages et ambitieux Bulgares.

Les Grecs ont repoussé à coups de fusils une patrouille bulgare qui avait voulu poursuivre des Serbes en territoire grec.

Je suis, pour ma part, depuis quelques jours avec quelques hommes dans une petite gare où nous avons à transmettre les ordres qui arrivent par téléphone, — poste de tout repos. Nous considérons comme un luxe de coucher dans un wagon. Le chef de gare est très complaisant et parle fort bien français, comme tous les employés de chemins de fer ici. Je peux me chauffer et écrire dans son bureau : c'est fort appréciable.

Nous sommes dans un pays horriblement marécageux; ce doit être odieux en été! Heureusement, la pluie a cessé un peu et nous jouissons d'un joli ciel sans quoi j'aurais pensé qu'il n'est jamais bleu en Grèce!

La coupure incluse est extraite d'un article qui est bien fait sur la situation ici; mais je te l'envoie parce que le chef de gare auquel je le montrais avait, en le lisant, un sourire qu'il voulut bien m'expliquer. Voici : l'État grec a bien, en principe, réquisitionné les chemins de fer, mais il n'entre que pour une petite part dans les finances de la Compagnie. de sorte que, lorsque, le sourire aux lèvres, il nous fait payer 150.000 francs par jour, c'est à la *Compagnie des chemins de fer d'Orient* que va la grosse part de cet argent. Or, cette Compagnie est Austro-Boche et Turque!... de sorte que c'est à ces *braves gens* que nous payons ces frais énormes, le gouvernement grec, avec une bienveillance toute neutraliste, servant tout simplement d'intermédiaire. Joli, n'est-ce pas?...

6 Janvier 1916.

A sa sœur.

MA BONNE JANE,

Je te remercie bien de tes vœux; j'ai été heureux de vous savoir tous réunis avec les petites en bonne santé. Évidemment, ce n'est pas le jour de l'an idéal encore cette année, mais combien sont plus éprouvés que nous!... Sachons l'apprécier et ayons patience et confiance.

Toujours rien de changé ici.

Embrasse mille fois affectueusement pour moi la grande Simone, la sage Jacqueline et la petite Suzanne. Mais comme elles doivent être toutes changées!...

Je vais tâcher de t'envoyer des petites chaussettes en laine avec des dessins gréco-turcs ; cela est fait par des femmes au petit village près duquel nous sommes et c'est assez *couleur locale*, surtout à voir faire. C'est d'ailleurs plus comme *curiosité* car je ne pense pas que ce soit mettable. Nous en avons acheté que nous mettons la nuit pour nous tenir chaud aux pieds...

Au revoir (pas trop lointain espérons) et je t'embrasse bien affectueusement.

14 Janvier 1916.

A son frère.

Mon vieux, bien reçu ta *typw. letter* de Paris. Que voilà longtemps que nous avons déjeuné ensemble avant de nous séparer!... Vous avez dû être contents de vous retrouver, en somme, presque au complet.

Nous sommes aux « *avant-postes* », mais à 55 kilomètres de la frontière et par conséquent des Bocho-Bulgares!

Nous avons eu quelques jours durs en Serbie, froid, montagnes abruptes et surtout la retraite, spécialement le jour où nous sommes restés (ainsi que je l'ai écrit à Maurice seulement) en arrière-garde sur un pic, dans un faible fortin, avec mon peloton et que l'ordre de repli est arrivé juste au moment où se déclanchait contre nous une forte attaque de plusieurs côtés. Nous avons eu le temps de *mettre les cannes* au moment où les sauvages entraient dans l'ouvrage en g..lant. Fuite éperdue dans la montagne, abandonnant sac et tout le bazar. Comment ne nous cassons-nous pas les pattes dans les rochers? Comment arrivons-nous *tous* à rejoindre l'escadron? Je me le demande encore!...

Je te souhaite l'épaulette, pas de défaillance, la gloire et surtout *beaucoup de veine*...

Most affectionately your brother.

21 Janvier 1916.

MA CHÈRE MAMAN,

Je vois par ta lettre que l'on a tort de se laisser influencer et de donner trop d'importance au petit fait du présent. Certes, nous avons eu quelques journées dures pour les raisons que je vous ai expliquées, mais, depuis un mois, nous jouisssons d'un calme absolu et, en considérant l'ensemble de notre *campagne des Balkans* (qui à coup sûr n'est pas finie), les heures pénibles sont déjà presque oubliées ou tout au moins mises à leur place véritable et nous jugeons notre expédition comme très à l'eau de rose. Nous nous considérons comme bien moins à plaindre que bien des poilus de France qui ont les pieds dans l'eau et des marmites sur la tête sans répit...

Toujours pas de nouvelles de Carcopino, mais je ne m'en étonne qu'à moitié : les lettres mettent aussi longtemps pour venir de Salonique que de France. Je crois avoir découvert qu'elles passent par *Marseille!*

Nous avons beau temps en général, avec assez fréquemment le *vent du Vardar* qui est violent et froid, — très comparable par ses origines et ses effets au *Mistral*.

A M. R. C. Escouflaire,

22 Janvier 1916.

Merci de votre lettre et des vœux qu'elle contient, mon cher ami, et laissez-moi, à mon tour, bien que tardivement, vous adresser mes souhaits les plus cordiaux pour vous et les vôtres pour cette année qui, espérons-le, verra la réalisation de bien des vœux, — en particulier la liberté accordée de nouveau à votre vaillant pays...

Que vous dire de notre équipée ?

Le simple *Poilu*, isolé et sans tuyaux, se rend si peu compte de ce qui se passe !

Nous sommes venus, nous avons vu... des montagnes, nous avons... battu en retraite ! Cela a été quelque peu déconcertant. En fait de repli nous avions déjà vu un an auparavant quelque chose de bien dans les environs de la Marne !

Avons-nous eu raison de venir ?

Je crois que maintenant on peut répondre « oui », puisque notre présence à Salonique inquiète les Bocho-Bulgares.

En tout cas, au point de vue opération militaire, nous sommes arrivés ici uniquement pour coopérer à la retraite serbe et nous ne pouvions espérer faire autre chose, étant donné notre nombre et la date de notre débarquement.

Je suis à peu près sûr que nos effectifs ici ont toujours été bien inférieurs à ceux qu'indiquaient nos journaux.

Malgré cela nous avons, à coup sûr, pas mal retardé l'ensemble de cette retraite et malgré une écrasante... *infériorité numérique*, dans tous les engagements nous avons infligé aux Bulgares des pertes *très lourdes*. Les nôtres ont été *incroyablement faibles*. Les barbares attaquaient toujours furieusement, en masse, jusqu'à quinze fois par jour; chaque fois ils étaient fauchés et arrêtés par nos fusils, nos mitrailleuses ou même nos canons qui, plusieurs fois, ont tiré à *bout portant!* Nous nous sommes toujours repliés sur un ordre et il est exact que tout a été évacué méthodiquement ou brûlé.

Pendant nos semaines en Serbie nous avons eu quelques moments pénibles : le froid (— 17°) avec un vent terrible sur un pic, des routes (non pas des routes, à peine des sentiers) dans des montagnes très escarpées un isolement qu'accentuait l'absence de villages, etc., etc... Tout cela n'a pas contribué à rendre notre séjour agréable.

Avec mon peloton, nous avons eu deux fois à goûter le charme (?) de faire l'arrière-garde, en particulier un jour où nous avions à *tenir* sur un pic (1 h. 1/2 d'ascension) de la vallée du Vardar, pendant que nos troupes se repliaient en bas. Par quel miracle avons-nous pu nous échapper, par une course folle, à travers les rochers de la montagne, l'ordre de repli étant arrivé juste au moment où les sauvages pénétraient dans notre fortin en hurlant ? Je me le demande encore !...

30 Janvier 1916.

Mon cher papa,

Nous sommes revenus vers Salonique dans *le camp retranché* ; nous campons près de Topsin. Nous sommes assez mal, dans un terrain humide ; nous recouchons sous la tente, mais nous travaillons à nous organiser un peu confortablement, car nous semblons devoir rester un certain temps ici.

C'est un peu la *vie de quartier :* réveil à six heures et demie en sonnerie, etc..., et nous passons nos journées à travailler au camp retranché, fils de fer, abris, boyaux, etc. Il y a des installations admirables avec ciment, poutres de fer, etc.

On sonne *l'extinction des feux* (8 heures); je termine en vous embrassant bien tendrement.

10 Février 1916.

Ma chère maman,

J'ai reçu une lettre aimable et quelque peu recherchée de Mme X...

Je suis très désappointé de voir que mes missives reçoivent cette publicité. Je comprends fort bien que, en mère tendre, tu fasses partager tes soucis ou tes espérances en parlant de moi, mais il m'est désagréable que cela dépasse le cercle des intimes !

Je n'écris pas pour la galerie et ne voudrais ni ne saurais le faire.

J'écris ce que je vois, souvent longuement et avec beaucoup de détails; c'est un signe d'insuffisance de coordination des idées et de manque de concision dans le style. Surtout ne pas communiquer mes lettres en disant que je ne veux pas qu'on les montre; j'aurais alors tout à fait l'air de *poser à la modestie*.

25 Février 1916

MA CHÈRE MAMAN,

Je reviens d'une permission de vingt-quatre heures à Salonique où j'ai pu voir Carcopino.

J'ai peu vu Salonique, ayant eu pas mal de courses à faire pour des camarades et pour moi : c'est une ville sale et bruyante; il y règne une animation énorme, presque exclusivement militaire; des Français pas mal, des Anglais en masse, des Grecs et des Serbes.

Rencontré de Caix, aviateur, Robert Lassalle, artilleur, et d'autres camarades encore, — tout le monde est à Salonique, on y voit plus de connaissances que sur les boulevards !

Dernière innovation et c'est une recommandation parue *officiellement* à la décision on défriche et on plante partout : légumes ou fleurs pour assainir le terrain, varier l'alimentation et rendre nos camps plus agréables !

Tu peux m'envoyer quelques graines de jolies fleurs pour mettre autour de ma tente.

Notre pauvre *Memphis* vient de couler en touchant une mine à l'entrée du golfe. Tous sauvés, mais le bateau est perdu et avec lui marchandises et *courrier*.

12 Mars 1916

MA CHÈRE MAMAN,

Nous sommes en pleine période de pluies; c'est délicieux dans nos marécages; tout est inondé, nos tranchées pourtant soigneusement faites s'éboulent, ainsi que nos cabanes de terre et de roseaux !

Le Vardar déborde, des îles disparaissent, des chemins sont submergés, des plaines deviennent lacs, etc... Nous pataugeons dans tout cela et nous combattons le mal de notre mieux.

Ordre lu ces jours-ci :

« Comme suite aux expériences faites sur les gaz asphyxiants et en raison du danger que présentent les poils pour l'adhérence des masques, il faut exiger que les officiers de tous grades et les hommes de troupe se rasent. »

J'exécute cet ordre...

22 Mars 1916.

Mon cher papa,

Nous avons eu, l'autre nuit, la visite d'un Zeppelin. Le ciel était bas et fort sombre, aussi n'a-t-on rien vu ; mais le bourdonnement de cette grosse guêpe meurtrière au-dessus de la région et du camp, pendant une heure, a été fort désagréable ; je crois que les bombes ont été lancées au hasard, en tout cas sans résultat.

Il est venu ici plusieurs déserteurs allemands. Ils appartiennent à des unités *nouvellement arrivées* dans les Balkans et, en raison de leur origine alsacienne ou lorraine, ils avaient toujours été maintenus sur le front russe. Ils se portaient bien, parlaient le plus pur argot parisien et se déclaraient enchantés d'être loin des Boches. On leur avait dit qu'ils n'avaient devant eux que des Serbes et des Grecs. Ces explications avaient été complétées par le don d'un cigare en *l'honneur de la prise de Verdun (sic !)*.

2 Mai 1916.

Mon cher papa,

J'attends toujours des nouvelles d'André avec impatience. La ruée sur Verdun semble calmée et maîtrisée.

Le récit que fait le capitaine Harispe du bombardement de son fort est angoissante dans sa relation simple des faits.

Tous ceux qui ont participé à cette résistance héroïque méritent bien du pays.

Je regrette bien la mort de M. Paul Renaud ; c'est un loyal et énergique *combattant* que la France perd prématurément...

17 Mai 1916.

Mon cher papa,

Des marais sont sorties des *myriades* de mouches qui nous assaillent et à certaines heures les moustiques prennent de violentes offensives qu'on n'essaye même pas de repousser !...

Il y a longtemps qu'on ne nous considère plus comme des *cavaliers;* mais on ne nous compte pas encore comme *fantassins*, de telle sorte que l'on ne semble pas savoir que faire de notre malheureux *groupe léger*. Cette situation qui, en Serbie, nous a valu le rôle de *bouche trou* universel pour venir en renfort à droite et à gauche, protéger la retraite, fait que nous restons, pour le moment du moins, à continuer des travaux du camp et à fournir des gardes comme de braves R. A. T !...

L'abandon de matériel par des unités voisines parties nous a permis de nous installer un peu plus confortablement. Je suis en train de me construire une petite baraque dans laquelle la *tôle ondulée*, ce barbare produit de la science, voisine avec des nattes d'une saveur si orientale !... Et cela me constituera un abri agréable et *habitable*, car le *marabout* est la plus *infernale* des inventions : froid en hiver, chaud en été, humide quand il pleut, rempli de courants d'air quand il vente, impossible à aérer quand il fait chaud ! Nous y avons gelé, malgré couvertures et fourrures. Actuellement il fait plus chaud dans la journée à l'intérieur de ce cône qui concentre les rayons, que *dehors* — c'est intolérable.

Je t'adresse la pacifique photographie qu'a prise de moi

l'abbé Roland Gosselin, alors que je réparais, à un moment
de disette, des chaussettes trouées, dans mon marabout !

Certes il est navrant de voir notre langue maltraitée comme
elle l'est souvent dans les journaux de Salonique, surtout de
façon aussi impitoyable que dans les *vers* que je t'envoie ;
cependant nous pouvons être fiers que le français soit, bien
que soumis à pareille épreuve, si en honneur chez des étrangers.
Mais que dire de la littérature (?) que des poilus se croient
obligés de faire insérer dans les journaux locaux ou mieux de
répandre dans des organes spéciaux du *front* ? Je t'enverrai
un de ces jours quelque échantillon (en particulier la *Trompette
des Marécages*, l'organe de notre groupe) qui te montreront quel
tort on peut faire à *l'esprit français* au point d'en faire douter !...

31 Mai 1916.

Mon cher papa,

J'ai été heureux de recevoir de bonnes nouvelles d'André
par toi et par lui-même et ravi de voir que non seulement il s'en
est bien tiré mais s'y est bien comporté. Je ne veux pas croire
que sa citation, qui semblait si bien promise, va être *enterrée*.
La paperasserie est cruelle quelquefois, mais lente surtout.

Je ne t'ai pas parlé du Zeppelin abattu près d'ici. J'étais
de service au corps de garde cette nuit-là. Le *pirate* était
passé au-dessus de nous. Dans un demi-sommeil j'avais bien
entendu un fort ronflement de moteur, puis des éclatements de
bombes et des coups de canon, mais je n'avais pas eu le courage de me lever, pensant ne rien voir. Le lendemain matin
mes sentinelles me dirent avoir fort bien vu le *cigare* et ensuite
le feu d'artifice des obus et des fusées, puis rien. Nous
apprîmes bientôt par téléphone que le dirigeable était *descendu*.

Quelques cavaliers allèrent avec le commandant rechercher
les pilotes, dans un terrain horriblement marécageux, mais les
Serbes, qui campaient près de là, les avaient déjà fait prisonniers.

11 Juin 1916.

Mon cher papa,

La chaleur devient réellement *écrasante*. Les nuits sont encore assez fraîches heureusement, mais les moustiques rendent quelquefois le sommeil impossible. Ce pays est très dur.

Nous quittons demain notre coin pour une *destination inconnue*.

19 Juin 1916.

Ma chère maman,

Nous sommes, depuis trois jours, dans notre nouveau secteur. Nous avons quitté les marécages du delta du Vardar et, après des marches, contre-marches de rassemblement, *revue de départ* (tout cela par une chaleur accablante avec le « fourbi » complet), nous avons été embarqués. Il était temps que nous quittions ces lieux malsains.

J'ai, pour ma part, résisté mieux que je ne pensais, probablement parce que je ne bois pas; mais il est inutile de te dire que ce climat est très éreintant et *déprime* beaucoup. Aussi est-ce pour moi très pénible de faire quoi que ce soit ! Écrire devient un cauchemar ! Excuse-moi auprès de tous.

Donc nous sommes partis par une ligne qui, laissant les plats marécages, nous a menés au travers d'un pays magnifique, accidenté et verdoyant, d'une végétation variée, pour nous déposer auprès d'un admirable lac au milieu des montagnes (500 à 1.500 mètres). C'est là notre nouvelle zone d'action.

22 Juin 1916.

A son beau-frère

Mon vieux Maurice,

J'ai été heureux d'apprendre que Jane avait seulement besoin de repos ; j'espère que tu es toujours *all right*.

Comment ne pas te parler de la chaleur? Te souviens-tu de Santos? Je ne pense pas y avoir eu plus chaud qu'ici. Oui, mais ici nous avons le *barda* et quel barda! Nous avons un costume en toile kaki, mais c'est en *plus* du drap bleu, un casque colonial, en *plus* du casque d'acier, deux jours de vivres, etc. Heureusement que l'on ne fait pas de grosses étapes, ce serait impossible d'ailleurs. Comme l'autre jour, une dizaine de kilomètres dans des chardons de 2 m. 5o (serpents à discrétion à l'intérieur) qui ont poussé au printemps dans nos marécages, et tout le monde en a « marre ». Nous avons quitté ces marais où les moustiques empêchaient quelquefois littéralement de dormir. Nous voici de nouveau dans les montagnes, près de la Serbie, mais plus du côté qui fut le théâtre de notre *repli stratégique!*... La région est superbe, belle végétation, un lac magnifique aux eaux bleues. L'air est certainement meilleur, les moustiques rares. Il était temps, je crois, car il y a eu un gros pourcentage d'évacués par les fièvres. J'ai maigri, mais suis surpris de résister, en somme, si bien à ce climat, d'autant plus que nous faisons un travail tuant dans la montagne abrupte. J'ai toujours eu horreur de grimper; je ne trouve pas que le chargement ou la perspective de se trouver nez à nez, en haut d'un pic, avec des Bulgares, y ajoute du charme.

Il paraît que l'on veut faire quelque chose ici. Il y a des Monténégrins, des Serbes, que sais-je? Je vois d'un mauvais œil cette population, ces nomades et bergers dans la montagne, même ces postes grecs de la frontière au milieu desquels nous évoluons et dont nous ignorons les sentiments. Comme il serait facile de nous tendre une belle embuscade! La première chose à faire serait de *nettoyer* carrément la zone des armées.

Vingt-trois mois sans se revoir, c'est un peu long! Une permission ne ferait pas mal dans le tableau... Donne-moi de tes nouvelles et excuse-moi si je n'écris pas plus souvent, mais la chaleur me *paralyse* positivement.

MON CHER PAPA,

Tu as bien fait de me mettre au courant au sujet de votre attente de nouvelles d'André. Tu le penses bien, quoique moins informé que vous (ou à cause de cela) je ne suis pas sans m'inquiéter de son sort depuis que je le sais dans la mêlée tragique ! Je veux croire, que pour cette fois, il ne s'agit que d'un retard dû à des causes diverses. Mais quelles heures d'attente cruelle !...

Après ce que tu m'avais dit, j'attendais la mort de M. Colin d'un moment à l'autre ; je n'en ai pas moins été très affecté. Quel homme charmant et bon, quel sincère ami nous perdons !

Nous sommes bien installés, maintenant, au pied de la montagne, sous un arbre superbe qui nous donne une ombre agréable et nous cache aux aéros. Nous prenons des Bulgares, ou plutôt ils se *rendent* à nous en nos patrouilles dans la montagne. Ils semblent être dans un état déplorable, mais ils sont tellement embrigadés qu'ils n'osent rien dire. Ils prétendent que des compagnies entières déserteraient si elles savaient, si elles osaient... Ils craignent les Serbes, mais aux mains des Français ils sont ravis. On leur donne du *pain blanc*, de la *viande*, des cigarettes : ils se trouvent au *paradis*. Ils sont mal équipés ; ils disent que les Boches sont repartis. Ils semblent avoir des renseignements assez précis (par des journaux suisses nous a dit l'un d'eux) ; ils connaissent les pertes boches devant Verdun et l'avance russe. Ils disent qu'ils refuseraient de se battre contre leurs frères slaves.

Dans tout cela il y a à prendre et à laisser assurément. Il semble cependant certain que cette guerre n'est plus populaire en Bulgarie, surtout que maintenant ils occupent la Serbie et que les Boches les ont abandonnés !

11 Juillet 1916.

MON CHER PAPA,

Bien que ce silence anormal d'André fût une préparation aux mauvaises nouvelles, ce fut un grand coup pour moi que d'apprendre cette *disparition* alarmante, et je comprends bien, tu le penses, quelle doit être votre énergie pour surmonter une angoisse qui, hélas, peut se prolonger !

Pour ma part, *j'ai confiance ;* je ne peux m'empêcher d'avoir la certitude que vous serez rassurés. Est-ce l'habitude d'être *l'homme de la dernière minute,* de voir les choses s'arranger au dernier moment, comme je l'ai constaté souvent? Est-ce un instinct juste comme celui qui m'avait fait pressentir une mauvaise nouvelle en ouvrant ta lettre ? Je ne sais... mais *j'espère toujours.*

Je souhaite que pareil espoir vous soutienne. Je pense que tu as fait tout le nécessaire pour les renseignements?

L'enquête d'Emile Labeyrie à ce sujet me paraît rassurante, si réellement *personne ne l'a vu tomber,* comme il le rapporte. Je voudrais (tout souvenir serait précieux au cas où il nous faudrait admettre un dénouement fatal) que tu demandes au camarade qui est venu te voir et qui, je pense, a chargé aux côtés d'André (ou d'obtenir ce renseignement d'un de ses voisins de combat), de te préciser à quelques mètres près, à l'aide d'une carte, où il a été vu pour la dernière fois.

Si tu as des nouvelles, je crois qu'il est possible de m'envoyer une dépêche ici.

Par la lettre de maman, je vois que vous vous faites une idée plus sombre que la réalité sur notre situation ici.

Est-ce l'éloignement ou une lettre écrite à une heure pénible qui a exagéré la réalité?...

22 Juillet 1916.

MA BONNE MAMAN,

Ce serait presque une banalité... déplacée que de venir te souhaiter une *bonne fête* dans les circonstances actuelles, si

tu ne savais toute l'affection profonde que je mets dans cette
formule et le vœu ardent que je fais avec vous pour que des
nouvelles rassurantes vous arrivent du cher André !

A ce sujet j'ai d'ailleurs bon espoir qu'il y a du nouveau
— du nouveau réconfortant — depuis la dernière lettre de
papa.

Le rapport d'Emile Labeyrie disant que personne n'a vu
tomber aucun des *sept disparus*, donne un assez sérieux motif
d'espérer; mais par quel cruel raffinement faut-il que les nouvelles soient si longues à venir d'Allemagne ?

Je ne vous ai pas dit que je sers souvent d'interprète ici,
non pas que j'aie fait des progrès sensibles dans la langue de
feu Homère, mais parce qu'il arrive souvent de rencontrer, dans
la montagne ou dans les villages, bergers ou paysans parlant...
anglais ! Ce sont des hommes qui ont émigré temporairement
aux États-Unis pour y gagner un peu d'argent. Quand je dis
« anglais », c'est assez peu exact; il s'agit du jargon américain
déformé encore par des gens illettrés. C'est quelque chose
d'affreux et je ne pense pas qu'un pur Anglais daignerait y
comprendre un mot. Aussi nos conversations sont-elles assez
pénibles.

L'autre jour, un capitaine Serbe, qui voulait parler au
nôtre, s'adressait en grec à un Macédonien qui me transmettait
en *américain* les phrases que j'avais à répéter en français et
vice-versa. La conversation, je n'ai pas besoin de te le dire,
fut peu animée !

Je crois avoir dit à papa qu'il doit lui être possible de
télégraphier s'il avait quelque chose de nouveau à me faire
savoir au sujet d'André.

Un mot déjà ancien que je lui avais envoyé et dans lequel
je le félicitais pour sa conduite ferme (qui avait enfin reçu
consécration) et l'encourageais pour qu'il surmonte les défail-
lances possibles, m'est revenue avec la mention : *Destinataire*

n'a pu être joint. J'étais heureusement au courant déjà par vous, — ces formules sont en tout cas brutales...

Je souhaite que tout le courage nécessaire vous seconde pour passer ces heures cruelles et, avec bon espoir toujours, je vous embrasse bien tendrement.

1ᵉʳ Août 1916.

MON CHER PAPA,

Deux mots au cours d'une randonnée particulièrement pénible, pour te dire que je vais toujours bien.

Nous voilà sur la troisième et dernière ligne de Macédoine.

Reçu d'Emile la jolie citation d'André; il m'a donné de sérieuses raisons d'espérer.

8 Août 1916.

MON CHER PAPA,

Enfin! mon optimisme n'aura pas été déçu et quel bonheur de savoir au moins qu'André a la vie sauve, bien que le sort de prisonnier des Boches n'ait rien d'enviable! Les phrases de sa lettre que tu me cites ont, en effet, l'allure pénible des formules inspirées...

Quel poids ôté et quel soulagement pour maman, que ce surcroît de tension, pour conserver son courage, devait épuiser!

Je ne peux correspondre avec André; nous avons encore reçu, dernièrement, des ordres formels à ce sujet.

11 Août 1916.

A Mˡˡᵉ Suz. S. R. T.

MA VIEILLE SUZIE,

Oui, il y a en effet une *éternité*, comme me le fait remarquer ta carte de Suisse, que je ne t'ai donné des nouvelles directement, mais j'étais réellement trop déprimé et aussi trop inquiet par la disparition d'André (dont tu dois connaître la cause maintenant) pour écrire à d'autres qu'à la famille.

Tout cela est passé maintenant ; je suis reposé ; il fait moins chaud et, enfin ! nous sommes fixés sur le sort d'André (qui n'a rien d'enviable !)

Mon calendrier ne me révèle-t-il pas que le 11 août est la *Sainte Suzanne ?* Je le sais, c'est raté, c'est trop tard ; mais que cet anniversaire de bons souhaits me soit un prétexte pour m'armer de courage et bien te persuader qu'il n'y a pas indifférence de ma part, — mais tu n'as pas cru cela, je pense !...

Laisse-moi, tout d'abord, te remercier d'avoir si gentiment continué à m'écrire ainsi, car tu as eu, je le reconnais, plus de mérite que je n'en aurais eu à le faire. Un peu de chaleur, un peu d'affaiblissement, voilà mon excuse ; mais toi, tu as eu tout cela et bien plus encore...

Je suis, en tout cas, heureux que vous ayez pris ces résolutions énergiques d'une cure d'air en Suisse où, je l'espère, tu vas te reposer... vigoureusement. Donc, soigne-toi bien et tous mes vœux les plus affectueux pour ta santé.

Ici, les grosses chaleurs semblent passées avec leurs pénibles jours de sécheresse absolue. Voici déjà que nous avons quelques orages. Puis, prochainement probablement, viendra une période de pluies ; mais jusqu'au mois d'octobre et même novembre, le soleil sera encore très chaud dans les heures du jour ; les nuits deviendront toujours plus fraîches (cela commence déjà) et puis... nous aurons le plaisir de retrouver dans les montagnes les joyeuses températures de la Serbie (— 18°, — 20°) car il ne faut plus croire, je pense, à une fin prochaine de la guerre — je le crains tout au moins. Un trop gros effort de préparation est entrepris sur tous les fronts (et ici en particulier) pour laisser supposer que les Boches sont au bout de leur rouleau. De fait les voici seulement qui passent à une défensive réelle. Il nous faudra donc, — préparons-nous y, — attendre 1917 pour la victoire finale...

Certes, l'armée d'Orient est privilégiée sous certains rapports puisque, en somme, la prise de contact avec l'ennemi, *assez dure* d'ailleurs, qui existe en certains points du front, n'a rien de comparable avec les combats du front occidental ; mais nous avons bien des désavantages.

Et d'abord, beaucoup, comme moi, n'ont pas encore été en permission depuis le début de la guerre (la lenteur des tours est désespérante). Et puis nous avons le climat, réellement néfaste. Il y a des localités où les émigrants venus après les dernières guerres ont été décimés, incapables de s'acclimater.

Pour ma part, tu le vois, j'ai jusqu'à présent échappé au paludisme, et, en somme, j'ai réussi à supporter la chaleur qui m'est cependant particulièrement pénible. Je me suis, à un moment, trouvé très affaibli et j'avais maigri sérieusement : c'est qu'on n'avait pas assez tenu compte du climat dans ce qu'on nous demandait. Depuis, nous avons fait un stage sur les hauteurs qui m'a remis sur pied et on nous ménage bien plus : repos sérieux, transport d'une partie de notre lourd bagage par des mulets, etc... Mais c'est égal, le pays est dur ! Note que depuis plus de neuf mois, nous ignorons ce que c'est que de coucher dans une maison (ne parlons pas de lits) ; nous vivons en sauvages, sans voir autre chose que quelques indigènes peu sympathiques... Pas de routes et quelles *grimpettes* dans les montagnes abruptes, toujours avec chargement ! Ah ! que l'on ne me parle plus d'alpinisme, à moins qu'il ne s'agisse de monter en funiculaire !...

Nous venons de passer un mois dans un joli site (bien que le soleil ait déjà tout grillé) : lac bleu, belle végétation, imposantes montagnes, et nous prenions les avant-postes sur de petits pics (à 1.500 m.) où l'on gelait littéralement la nuit.

Puis l'arrivée des Serbes, Russes, Italiens, nous fait changer de secteur. Passage d'un jour près de Salonique et quatre étapes cruelles de plus de 24 kilomètres par la chaleur, avec orages qui détrempaient le terrain et nous obligeaient à dormir tout mouillés. Il est impossible au *non initié* de concevoir à quelle limite on peut supporter la fatigue...

Bref, nous revoici dans un secteur montagneux (toujours!) où nous nous reposons un peu, tout en travaillant aux routes (inexistantes) et en attendant de prendre, je pense prochainement, les tranchées à tour de rôle. Nous sommes dans d'agréables petits ravins boisés où coulent des sources fraîches et où chacun s'est niché à son gré avec sa tente, dans la verdure.

Pour le moment, quelques aéros et canonnade assez forte.

Figure-toi que j'ai plusieurs fois servi d'interprète dans des villages où cependant il y a Grecs, Bulgares ou Turcs dont j'ignore, inutile de le dire, le dialecte. Mais il y a par ici quantité d'*Américains*, individus qui ont été amasser quelques dollars aux U. S. et qui, revenus dans leur pays, ont repris leur costume national et gardent les troupeaux dans les montagnes ou cultivent leur champ. L'*Américain* se reconnaît cependant à un nombre variable de *dents en or*. Inutile de te dire que l'*anglais* (?) parlé est terrible, presque incompréhensible; tu vois ce que peut devenir cette langue déformée par les Yankees et parlée par des Grecs illettrés!...

As-tu des nouvelles de ton oncle sur le front anglais? L'extrait de sa lettre que tu m'avais adressé m'avait beaucoup intéressé.

Voici que ma lettre prend des proportions de missel, et dis-toi que c'est beaucoup parce que je ne peux écrire court que j'écris peu souvent. N'en continue pas moins à me donner de tes nouvelles régulièrement : je t'assure que tes lettres n'ont pas besoin d'être aussi diluées que les miennes pour me faire grand plaisir!

Comment va ta vaillante *mother*, et ton père qui doit se sentir si isolé là-bas, et Yvie qui aurait fait une si bonne *nurse* ici avec ce climat qu'elle aime, le voisinage des Anglais, son goût des voyages?

Mille affections pour vous et crois, ma chère Suzie, à ma bien cordiale amitié.

25 Septembre 1916.

Ma bonne maman,

Après vingt-trois jours sans presque de repos et pendant lesquels nous nous lamentions de rester sans journaux, sans lettres, sans nouvelles, voilà qu'avant-hier le courrier nous rejoint enfin et que, hélas! me parvient la tragique nouvelle que je n'aurais jamais voulu apprendre!...

A dire vrai, je ne puis encore, tout bouleversé que je suis par cette nouvelle si inattendue, si incompréhensible, *réaliser* l'affreuse tragédie, croire qu'il ait été possible que le cher vieux *boy* sorte indemne de l'épopée tragique dans laquelle il avait su se conduire en homme de devoir, pour trouver la mort dans un *fait divers*, un accident, il est vrai, dont il fut la victime volontaire et si modestement héroïque!

Je peux dire sans hésiter, ma bonne maman, que la noblesse de tes sentiments trouvera dans ce fait un sujet d'apaisante et légitime fierté. Mais pourquoi a-t-il fallu, ma douce et admirable maman, mes tendres parents, qu'une si cruelle et double épreuve vous ait été imposée, pourquoi a-t-il fallu que par deux fois vous ayez à pleurer — et maintenant sans espoir, — le pauvre disparu? C'est trop, c'est trop, et je sais que ton courage, la hauteur de tes sentiments, la générosité de tes idées ne seront pas superflus pour te permettre de supporter ce

sacrifice affreux, soutenus que vous serez par la chaude sympathie de vrais amis qui se presseront autour de vous, par
toute notre affection, et tu n'avais pas besoin de cette lettre
pour savoir que mon cœur battait à l'unisson des vôtres!...

Pauvre vieux gars, va! ce que l'on appelait ton *sourire
insouciant*, les deux derniers actes de ta vie nous l'ont montré;
ce n'était pas de l'indifférence, car j'en suis sûr ton visage
n'était pas crispé lorsque tu as, sans discuter le devoir, gagné
ta croix et lorsque tu as perdu la vie!

Le cher *copain!*... nous avions tant de points communs que
les divergences qui marquaient nos caractères ne faisaient que
nous rendre moins indifférents l'un à l'autre! Et je ne le verrai
plus! comment croire cela?

C'est vers vous, tu le conçois bien, ma chère Maman, que
vont mes pensées. Nous autres, sur le front, nous avons le
mouvement, l'action, qui nous soutiennent au milieu du drame
même; mais vous, dont la vie n'est qu'une attente angoissée des
nouvelles, combien plus cruelle est votre situation!

Par un hasard qui pourrait sembler un fait voulu, puisqu'il
s'agit de l'incomparable ami que vous appréciez comme moi,
c'est la lettre de M. Giraldon qui me fut remise la première
(avant celle de Papa, puis celle de Jane) et qui m'apprit, avec
une imprécision qui semblait être pour moi une manière de
ménagement, la tragique nouvelle. Puis je lus la lettre du pauvre
Papa, encore tout tremblant du choc qu'il avait reçu, qui par la
belle lettre du camarade d'André me mettait au courant de
tout...

26 Septembre 1916.

Je viens de recevoir ta lettre; je l'ai lue, relue et relue
encore. Je veux la garder toujours. Ce serait pour moi éternellement, s'il en était besoin, la preuve tangible que nous
avons la plus admirable des mères.

Quelle fière coquetterie tu as mise à tracer ta lettre d'une écriture ferme, à faire preuve des plus courageux sentiments et l'on ne sent que mieux combien ton cœur doit souffrir... Comme tu as bien senti ton fils dans les termes sobres que tu emploies et qui constituent de lui le plus bel éloge!

J'ai déjà reçu quelques lettres. Si je ne peux répondre à tous, du moins tout de suite, tu m'en excuseras auprès d'eux, mais je n'avais pas besoin de ces nouveaux témoignages pour être persuadé que vous avez autour de vous les amis que vous méritez.

Croyez que ma pensée ne vous quitte pas et plus que jamais soyez mes bons parents, assurés de ma tendre affection.

30 Septembre 1916.

Mon bon papa,

Comme je crois l'avoir dit à Maman, c'est la lettre du cher ami Giraldon et non la tienne qui m'a mis au courant du drame affreux qui s'est déroulé voici deux mois déjà! Ce fut une transition, disais-je, et je pense que l'évolution qui me fera *croire* réellement possible cette perte navrante n'est pas encore accomplie.

Je crains qu'il ne me faille *une troisième fois* perdre et pleurer l'héroïque garçon; ce sera lorsque, débarrassé par la victoire des soucis que je conserve pour mon pays, moment auquel j'aspire comme vous, que je voudrais très proche comme toi, où je rentrerai à la maison, constatant le vide irrémédiable, comprenant, hélas! que ce fut un *adieu* sans espoir qui nous avait séparés voilà plus de deux ans!...

Ainsi que je le disais tout à l'heure à Maurice (qui m'a écrit comme un frère et qui a pour vous, je le sais, des attentions de fils tendre), il y avait, entre nous deux, une entente affectueuse plus profonde que notre nature peu expansive ne le laissait voir et dont je sens déjà le vide, dont la grandeur m'apparaîtra plus sensible encore à mon retour.

Nous avons eu un peu de repos et c'est pour moi un soulagement, en pensant aux marques d'affection parfaite dont vous êtes l'objet là-bas, de lire les lettres dont tu m'as envoyé la copie et celles que je commence à recevoir.

M'ont déjà écrit : Andrée Labeyrie, Germaine Pellerin, M. Pierné, M. Bigorne, Rosette Delizy, M\ Savary (comme ils comprennent notre chagrin!) l'abbé Gamble, Carcopino, Maurice Colin, etc...

Vous avez dû être bien touchés de la démarche des Pierné, ces amis au cœur si sensible!

Il me semble que c'est en France qu'a eu lieu la catastrophe et l'enterrement du cher vieux? Savais-tu qu'il n'était plus à Wahn? Comme ce mystère et l'éloignement forcé de sa chère tombe ajoutent à la douleur! Et comme je voudrais pouvoir venir vous apporter la consolation de ma présence!

Tu me demandais, faisant implicitement un parallèle avec le vaillant *petit Polo Ganne*, pourquoi je n'ai pas d'avancement. La raison en est que nous avons eu peu de pertes et par conséquent pas de vacances. Je peux t'assurer que je n'en continue pas moins à être noté de la façon la plus bienveillante et même flatteuse et par notre Commandant et par mon excellent Capitaine qui voit certainement en moi un subordonné désireux de se rapprocher de l'exemple si parfait qu'il donne de toutes les vertus...

Tu as l'air de me reprocher un peu de ne pas me *faire valoir* pour obtenir de l'avancement. Cela je ne le regrette pas. Certes pour l'officier les conditions matérielles changent de 50 % avec celles du *sergent*, qui vit presque absolument avec ses hommes, partageant et leurs fatigues et leur nourriture (souvent peu ragoutante) et supportant une promiscuité qui, pour ne parler que du point de vue matériel, ne se manifeste pas toujours par une irréprochable propreté!...

Non, je ne regrette pas ces rapports journaliers qui m'ont permis, je ne crains pas de le dire, d'essayer d'être un exemple direct pour ces âmes simples, mais hélas! cependant si souvent perverties par le manque d'éducation ou, ce qui est pire, par les idées fausses de je ne sais quelle *politique*, de je ne sais quelle *philosophie*. Certes encore, j'aurais pu me *débrouiller;* je serais comme tant d'autres en ballade sur *le front* dans quelque luxueuse torpédo, le brassard d'interprète sur la manche, ou encore à *voleter* dans une école d'aviation *select*. Tout cela je ne le regrette pas, non certes!

Si l'avancement me vient, ce qui se peut, je n'en fais pas fi; je ne serai que plus heureux de l'avoir mérité modestement.

Je te disais que l'offensive qui a eu lieu ici avait été surtout pour nous l'occasion de marches et de quelques escarmouches (on ne peut dire plus), mais nous avons eu cependant les honneurs, anonymes naturellement, du communiqué français, par deux fois!

Tu trouveras le premier inclus. Le second, celui du lendemain (que j'ai perdu) indique que des *contre-attaques* bulgares, sur... et Porroï-le-Haut, *ont été repoussées par le feu :* ajouter pour ce dernier village *de mes hommes aidés du petit renfort que j'avais demandé et pu heureusement obtenir à temps!*

Voudras-tu me conserver quelque part ces deux communiqués que je collerai dans mon futur album en face des photos que j'ai prises du village. J'ajoute que l'affaire fut de très petite envergure et que nous fûmes tous stupéfaits de voir une action entreprise avec de si faibles effectifs mentionnée au communiqué officiel de France!

50 Septembre 1916.

A son beau-frère.

Mon vieux Maurice,

Voici seulement quelques jours que j'ai connu notre malheur à tous, car tu n'avais pas besoin de me le dire, je sais que c'est presque comme moi, comme un frère aîné que tu pleures notre petit héros...

Vingt-trois jours de marches pénibles (car les Bulgares filaient vite!) et de combats avaient empêché que notre courrier, les journaux, les nouvelles ne nous suivent. Tu imagines comment le plaisir d'avoir quarante-huit heures de repos et la joie de recevoir un volumineux courrier furent vite changés pour moi en la plus cruelle détresse.

Le cher vieux! Quels jolis exemples les deux derniers actes connus de sa vie nous laissent! Le petit garçon au *sourire insouciant* a su devenir, lorsque l'occasion s'en est présentée, le soldat de devoir, l'homme du dévouement héroïque, et je le dis avec une certaine fierté, cette fin qui fait l'admiration de tous est celle qui pouvait le mieux nous aider à accepter le sacrifice, — tout en lui donnant encore plus de prix peut-être!

Tu sais quelle place, grâce à ton cœur si sensible, tu tiens à la maison et je sais bien que je n'ai pas de conseil à te donner quant aux attentions dont tu sauras, mieux que n'importe qui, entourer Maman si énergique et Papa que le choc laisse si effondré encore...

Tu me demandes, mon vieux, de te mettre bien au courant de la réalité. Elle n'a rien de terrible, je m'empresse de te le dire. Certes nous vivons la vie misérable du fantassin en campagne : marches éreintantes, sac tortionnaire, boue, soleil, tout cela dans un pays impossible, loin du nôtre, et des nôtres! Cependant, jusqu'à présent, les combats sont anodins à côté des vôtres; ce sont presque comparativement des escarmouches. Je sais bien que point n'est besoin d'être deux millions en présence pour recevoir un sale coup! Témoin ce *pruneau* que j'ai pris en *pêche*. Je ne t'en parlerais pas avec aussi peu de respect s'il s'agissait de quelque chose de sérieux. Je l'ai *échappé belle*, — ça il n'y a pas de doute.

Dans le *jeu des silhouettes* qui se pratique dans les tranchées, les Bulgares, habitués à manier le flingot dès le jeune âge et tirant vite et bien, sont redoutables, bien que nos tranchées soient à cinq ou six cents mètres des leurs. Nous avions ordre de leur tirer dessus pour permettre à une de nos unités voisines de progresser. Je venais de lâcher mon coup et je faisais déjà disparaître ma silhouette lorsqu'une balle, bien en direction, vint heurter le parapet et me toucher au front. Pas mal de sang, une seconde d'étourdissement (pas évanoui) et l'on reconnaît vite que ce n'est que superficiel. Le sang s'arrête seul (pas d'artère atteinte), pansement individuel. A la nuit, je vais au poste de secours. Pas évacué bien entendu, et j'aurais même repris mon service dès le lendemain, n'eût été le pansement qui m'empêche de mettre mon casque et qui aurait réellement fait de mon crâne la cible idéale pour les Boulgres!

Le matin, un sous-officier avait été touché mortellement à la tête, puis un de nos brigadiers, puis, le lendemain, notre commandant lui-même... et cela se passait le lendemain du jour où je venais d'apprendre la nouvelle tragique! J'ai, je l'avoue, tremblé une seconde pour mes pauvres parents, mais je fus vite rassuré...

15 Octobre 1916.

A Monsieur l'Abbé Gamble, École des Roches.

CHER MONSIEUR L'ABBÉ,

Je vous remercie de votre lettre affectueuse. C'est pour nous un réconfort précieux que de nous sentir, en ces jours de douleur, entourés de sympathies si chères.

Pauvre brave André! Il y avait entre nous tant de points communs, — en dépit de traits forts différents de notre caractère, — tant d'affection profonde, que je sens, après l'avoir pleuré deux fois déjà, qu'il me faudra le perdre encore, lorsqu'au jour de la Victoire je *réaliserai* que sa place à la maison est vide à jamais...

Mais je veux, en ces heures où chacun a besoin de tout son courage, que le mien ne faiblisse pas une seconde et, soyez-en certain, cher Monsieur l'Abbé, le *grand de la famille des Roches* (comme vous m'appelez) et l'aîné aussi de notre cher disparu ne se laissera pas aller au découragement, ne montrera pas moins d'ardeur à l'accomplissement du devoir journalier ; l'exemple de celui que je pleure n'est-il pas celui qui doit me guider le mieux ?

Et puisque en me séparant d'André, en ces jours inoubliables de la mobilisation, c'était un *adieu* sans espoir que je lui disais, c'est pour moi comme pour mes parents, un sujet de consolation et de fierté, de penser qu'en trouvant la mort héroïquement il a su s'attirer l'admiration de tous ici-bas ; c'est un soulagement de savoir que son acte de générosité lui vaudra bien des indulgences là-haut, ainsi que nous le demandons dans nos prières...

Je m'en veux de ne pas donner plus de nouvelles que je ne le fais, en dehors des lettres que j'adresse à ma famille, mais je sais que la *grande famille des Roches* ne se croit pas oubliée par le *fidèle* que je suis... Je voulais vous écrire dernièrement, lorsque vous m'avez adressé, avec un mot affectueux, la liste tragique et si longue de nos morts, — mais je voulais attendre ; je le redoutais, elle était, hélas ! incomplète déjà... Eysseric, Lorillon, Adler, Munier, R. Pochet... je ne cite que les premiers qui viennent sous ma plume comme, — avec bien d'autres, — ceux de camarades dont le souvenir est si vivant encore que la raison se refuse à les croire morts ! Toute cette élite, tous ces jeunes espoirs de notre jeune École, fauchés en pleine vigueur ! Leur souvenir seul nous reste, mais un souvenir qui sera pour nous autres le plus vivifiant exemple, la plus inépuisable source d'énergie.

J'ai été bien attristé aussi de la mort de M. Roujol qui, par les qualités du cœur autant que par la vivacité de son esprit, était un des professeurs de l'École qui eurent le plus d'influence sur ma jeunesse.

L'Écho, auquel vous avez su conserver une belle vitalité, grâce à votre inlassable collaboration, m'a permis de suivre avec admiration, — mais sans surprise aucune, — les exploits de tous nos mobilisés. L'École peut être fière de ses enfants, du sentiment du devoir aussi modeste que tenace dont a fait preuve un P. Pochet; de la fougue héroïque dont jamais ne s'est départi un Tripet (lui qui, ainsi que vous le disiez, nous a donné un émotionnant exemple de foi en venant se marier entre deux combats); de l'esprit d'abnégation d'un Vacher, de la belle attititude de tous, en un mot. Et, puisque notre pauvre André était une victime désignée par Dieu, il me semble bon de penser qu'il s'est montré digne de ses camarades, digne de son École.

Et maintenant, vous serez peut-être heureux, ne serait-ce que pour renseigner ceux des anciens qui vous interrogeraient à ce sujet, d'avoir quelques nouvelles d'ici, de cette armée d'Orient dont on parle tant.

Vous m'excuserez (mais l'activité actuelle de notre armée que le monde suit avec intérêt m'enhardit) si, dans ce qui suit, je vous présente un peu l'apologie de notre corps expéditionnaire, mais je sais que l'on nous a quelque peu calomniés; n'a-t-on pas été jusqu'à désigner les hommes d'Orient sous le nom *d'embusqués de Salonique*, confondant ainsi, dans une généralisation peu flatteuse, les quelques employés qui restent dans notre port de débarquement, avec ceux qui ont fait la retraite de Serbie, maintenu le contact avec l'ennemi, travaillé (alors que le paludisme les guettait) au camp retranché dans les marais du Vardar et qui, maintenant, mènent l'offensive dont parlent les journaux. Non, je vous l'assure, notre campagne n'a pas été un embusquage.

Nous n'avons certes pas la prétention de comparer les combats d'ici avec les glorieux faits d'armes de Verdun ou de la Somme; mais, outre qu'il a toujours existé ici un *front* plus ou moins agité, nous connaissons, en Orient, mille *misères*, qui tout au moins ne sont pas les mêmes que celles que supportent nos camarades de France, lorsqu'elles ne viennent pas s'y ajouter! Et d'abord le climat. Vous savez que l'Orient est le pays des brusques variations atmosphériques. Sous ce rapport nous avons vu toutes les températures : le froid inférieur à vingt degrés sur les pics neigeux de Demir-Kapou pendant la retraite de Serbie; la chaleur intolérable (dépassant quarante degrés à l'ombre) dans les plaines du Vardar que la pluie avait, peu de temps avant, transformées en marais; enfin, comme actuellement sur les points un peu montagneux, une forte chaleur qui, à la tombée de la nuit, fait place à un froid très vif.

Et les serpents! et les insectes! et les moustiques surtout! Fort peu de nous ont été épargnés par le paludisme ou la dysenterie, et s'il m'était permis de vous dire le déchet causé par la seule maladie, on comprendrait combien nous avons souffert.

Les conditions de confort sont, sans aucun doute, inférieures à celles que rencontre le combattant en France. Le bien-être relatif qu'on se procure là-bas, en allant au repos cantonner dans les villages, est inconnu ici, pour l'excellente raison qu'il y a fort peu de villages, que ces villages sont inhospitaliers, ne renferment aucune ressource... et que nous n'y séjournons jamais! Voilà, en effet, *onze mois* que nous couchons sur la terre et sous la tente. De *billet de logement*, de lit, il ne fut, bien entendu, jamais question!

Ne parlons pas des routes; elles sont le plus souvent inexistantes, rendent les étapes, par la chaleur ou la pluie, plus pénibles encore. Nous connaissons, en revanche, les « grimpettes » avec chargement complet, dans les sentiers de chèvres abrupts qui nous mènent aux pics où sont établis nos postes isolés.

Ajoutez à cela tous les facteurs moraux auxquels nos hommes sont si sensibles : l'éloignement du pays, la rareté des nouvelles,

la suppression presque absolue des permissions (beaucoup
comme moi ne sont jamais retournés chez eux depuis la mobilisation), aucune relation possible avec des civils... civilisés, etc...
etc..., et vous admettrez que nous avons bien autant de mérite
que bien des « chevronnés » de la *zone des armées!*...

Pour ma part je ne regrette pas cette épreuve, ni le fait
que je sers *dans le rang* comme simple *sergent* (de cavalerie, voilà
longtemps que le mot seul subsiste!) Certes la condition d'officier
assure une situation matérielle qui ne peut en rien se comparer
à la nôtre (surtout ici où les ressources sont faibles) et certains,
— c'est un point de vue très sincère, — croient de leur *devoir* de
tenir ce rang. Je pense, quant à moi, que l'influence du sous-
officier sur les hommes, bien que différente de celle que peut
avoir l'officier, ne le cède en rien à celle-ci comme portée. Il
s'agit, partageant dans un contact journalier les *misères* du
troupier, faisant les mêmes marches avec le même chargement,
courant les mêmes dangers, se contentant de *l'ordinaire* (pas
toujours appétissant!) vivant sous la même tente (abri précaire
contre toutes les intempéries), etc... etc..., il s'agit de *donner
l'exemple en tout*. Acceptant, en un mot, une promiscuité qui se
manifeste souvent, pour ne parler que du côté purement matériel, par une propreté... douteuse, il ne faut pas craindre d'être
le champion des principes les plus fermes, les plus élevés. Tâche
immense, je vous l'assure, Monsieur l'Abbé...

Il vous paraîtra peut-être hors de mise que je vienne jeter
une note quelque peu dissonante dans le chœur universellement
laudatif du *poilu*, alors que, ainsi que je vous le disais, je n'ai
pas été de ceux qui ont participé aux grands faits d'armes.
Permettez-moi de vous faire remarquer que, justement, *à cause
de cela*, je peux vous donner une opinion sur *l'homme de tous les
jours*, car je m'empresse de le dire, je l'ai constaté comme tous,
dans l'action notre soldat est superbe et héroïque; toutes les
qualités montent en lui avec une spontanéité qui force l'admi-

ration, mais au cantonnement, mais à l'arrière, là où le devoir est besogne obscure et prolongée, le Français reparaît et si je note que nous le retrouvons tel que nous l'avons connu avec ses qualités et ses défauts, c'est que beaucoup ont dit, ont cru, que cette guerre allait nous rendre meilleurs à un point tel que notre France d'après la guerre serait méconnaissable ! C'est là, à mon humble avis, une grave erreur. Certes nous avons tous passé par une grande crise qui a donné à réfléchir à plus d'un ; mais il ne faut pas croire que, la paix signée, la France sera sauvée sans un nouveau et vigoureux effort de chacun. Ce serait méconnaître la tâche de demain, en compromettant l'avenir.

Je suis sûr que les Rocheux, grâce à leur formation, ne commettront pas cette erreur. Ils ont, pendant cette guerre, vécu en contact journalier avec des représentants de toutes les classes sociales, dans des heures de vie intense et tragique qui font ressortir avec plus de netteté les qualités ou les défauts de chacun ; ils savent ce qui manque à nos *dirigeants* ; ils ont vu, chez notre peuple, quelles idées fausses ont germé sous l'influence de je ne sais quelle *morale*, ils ont en somme compris la tâche à accomplir.

Dans quelque grade, dans quelque emploi qu'ils aient servi, ils auront été l'exemple vivant de ce que doit être la vraie élite ; ils auront contribué à cette *Union Sacrée* qui, prise dans son sens le plus large et non pas considérée comme une trêve qui laisserait s'accumuler la haine, constitue le plus vaste et le plus beau programme d'après guerre.

Lorsque nous voyons l'œuvre si belle qui incombait à nos anciens, la perte de camarades, — et les plus généreux, hélas ! — nous semble plus cruelle encore, n'est-il pas vrai, Monsieur l'Abbé ?

Me permettrez-vous de vous dire que notre pauvre André avait fort bien compris son rôle. Nous l'avons connu quelque peu léger, insouciant, certes, mais la guerre lui avait donné

pleine conscience de son devoir. Un peu surpris, dans sa droiture naïve, de constater le niveau de la moyenne, il avait senti
qu'il devait modestement, dans le rang où il servait, être un
exemple direct pour ses camarades. Il me l'écrivait spontané-
ment; il s'efforçait d'encourager tout le monde, de *remonter* le
moral autour de lui. Sa robuste santé, son caractère égal, son
fond excellent firent qu'il joua ce rôle généreux dont ses camarades, de son vivant comme depuis sa mort, ont apporté des
témoignages reconnaissants à mes parents.

Mais, cher Monsieur l'Abbé, je vois que j'abuse de votre
temps. Après les durs combats de Florina, l'arrêt que nous
semblons marquer devant Monastir me donne quelques loisirs
inattendus et je me laisse aller à bavarder plus que de raison.
Vous me pardonnerez, n'est-ce pas? Dans ma solitude, — et
dans les tristes circonstances du moment surtout, — il m'est
bon de m'ouvrir un peu, et comment ne me sentirais-je pas en
confiance avec vous, toujours si affectueusement dévoué pour
moi, — vous, enfin, qui faites à nos yeux partie intégrante de
notre chère École?

Puis-je vous demander de faire mes amitiés à ceux de mes
camarades que le hasard d'une permission pourrait vous faire
rencontrer? Je me rappelle au bon souvenir de toute l'École
et je vous prie, en particulier, de présenter mes respectueux
hommages à Mme Demolins.

Veuillez croire, cher Monsieur l'Abbé, à mon profond et
respectueux attachement.

20 Octobre 1916.

MA CHÈRE MAMAN,

J'ai reçu avec ta dernière lettre la photo-portrait que
Maurice a faite de toi. Je suis ravi de ce souvenir, d'autant
plus que l'opérateur est, à mon avis, à féliciter sans réserve.
Je te retrouve fort bien ainsi, dans cette attitude sans contrainte

qui ne sent pas du tout la *pose* qui avait pour effet de te crisper
et de te rendre méconnaissable !...

J'ai adressé hier à papa quelques papiers et lettres, notamment celles de condoléances que je tiens à garder.

Vu hier Carcopino qui s'est arrêté quelques instants. Il
passe en auto et je ne peux jamais le voir longtemps, mais je
suis si heureux de lui serrer la main. Quel garçon charmant !...

2 Octobre 1916.

MON CHER PAPA,

J'ai adressé hier une *surprise* aux enfants, une charmante
et minuscule tortue *vivante* ! Elle est, je crois, serbe, car nous
sommes en territoire reconquis. Si l'élève arrive en bonne
santé, je pourrai, si cela amuse les *petites*, en envoyer une à
chacune ; cela sera peut-être difficile, car voici l'époque où les
tortues se terrent ; je pense que dans un appartement elle
restera éveillée l'hiver.

Nous avons appris avec joie le succès de Verdun du 24.
Il semble que la possibilité de mener cette offensive de front
avec celle de la Somme marque un tournant sérieux de notre
guerre.

Les Roumains vont, je pense, marcher ; en bons associés
de l'Entente, il a fallu qu'ils se fassent, comme les amis, flan-
quer une bonne pile.

Un journal arrivé avant ta lettre du 10 m'avait appris la
mort de ce pauvre Paul-Albert Louchet. J'allais écrire à Jane
pour lui dire de remercier les fils Louchet de leurs bonnes
lettres à la nouvelle de notre deuil et je voulais aussi lui dire
toute mon admiration pour la belle conduite de cette famille où
l'on respirait le bonheur et une foi tenace en la vie, — et le
malheur la frappe à son tour ! J'avais pour le garçon fin et
charmant qu'était Paul-Albert, une réelle sympathie ; je regret-

18

tais toujours que les circonstances de la vie ne nous aient pas plus souvent rapprochés. Je suis tout désemparé de cette nouvelle !

Voici que les sommets commencent à se couvrir de neige. L'hiver sera peut-être dur, mais nous avons hâte de voir ces jours pluvieux prendre fin. Je ne sais pourquoi, puisque je ne base cela sur rien, j'ai le pressentiment que j'aurai le bonheur de vous revoir avant la fin de l'année...

6 Novembre 1916.

MA BIEN CHÈRE SUZIE,

Si je voulais respecter le moins du monde l'ordre chronologique, il me faudrait retarder encore le plaisir que je trouve à venir bavarder avec toi; avec le peu de temps dont je dispose, je n'ai pas répondu à la moitié des lettres, pour la plupart si touchantes et si sincères cependant, que j'ai reçues à l'occasion de notre affreux malheur !

Aussi bien, je trouve un peu délassant de ne pas avoir toujours à remercier des sentiments de sympathie dont on me fait part.

Pour toi, — pour vous, — je considère qu'il s'agit presque d'un deuil que nous pleurons en famille. Je comprends que, mieux que n'importe qui, tu peux partager mon chagrin et que mes peines, sous ce rapport, sont les tiennes.

Quant à moi, je ne peux, à vrai dire, *réaliser* encore ma perte. Comment comprendre qu'en nous quittant pleins de confiance à la mobilisation (voilà plus de deux ans déjà !) c'était un *adieu* sans espoir que nous échangions? Comment admettre qu'au jour de la Victoire il me faudra considérer sa place à la maison comme vide à jamais, alors que des souffrances et des aspirations semblables ayant mûri les plus profonds de nos sentiments, nous nous serions retrouvés pour nous mieux comprendre encore.

Il ne peut être question de consolation, mais c'est un réconfort sérieux de penser que celui que l'on pleure s'en va, par son acte admirable, accompagné de l'estime de tous et en nous laissant l'espoir que sa conduite lui comptera pour l'autre monde... C'est une pensée qui n'a pas manqué d'aider nos chers parents à conserver cette attitude si digne et si forte que tous ont admirée chez eux.

Pour moi, ces exemples sauraient, s'il en était besoin, me mettre à l'abri de toute velléité de découragement. Tu peux être rassurée sous ce rapport. Mon souci constant est de ne pouvoir consoler de ma présence mes pauvres parents que je sens si seuls, malgré l'affection si précieuse dont je les sais entourés par des amis parfaits. A ce propos, après un an d'exil, (juste l'anniversaire de vos adieux au départ du *Memphis!*)... je pense qu'une permission ne ferait pas de mal, mais il ne semble guère en être question pour le moment. En dépit du petit ralentissement actuel, les opérations, dans l'ensemble, marchent assez vite sur notre front. Tu as dû voir nos succès dans les journaux, et en particulier la prise de Florina, à laquelle notre groupe a pris part. Cela nous a valu naturellement des périodes de fatigues assez pénibles, mais c'est cependant dans ces *actions en avant* que l'entrain et le moral sont les meilleurs ; cela est normal avec le caractère français.

J'ai appris que tu devais prolonger ton séjour en Suisse. Malgré la séparation cruelle que cette décision va imposer aux tiens et à toi-même, c'est avec plaisir que je vois que vous avez pris cette décision énergique qui va (je l'espère et je n'en doute pas) t'assurer un retapage complet pour... la Victoire, prochaine, n'en doutons pas...

Après la prise de Florina nous avons été immobilisés pendant quelques jours dans des tranchées. Dans les tranchées on s'amuse à *faire des cartons* de part et d'autre. Tu me diras qu'il est mille occupations beaucoup plus divertissantes ; je l'admets, mais que veux-tu, c'est une habitude, *c'est la guerre...* Les Bulgares tirent bien. Quelques camarades furent *mouchés*. Or, voici ma veine : une balle qui m'était destinée a eu l'esprit de heurter le parapet et ce n'est que très *gently* qu'elle est venue m'érafler le front. Pas mal de sang, ce qui a pu être un peu impressionnant sur le moment, pour les témoins, mais blessure sans *aucune* gravité, l'os n'ayant même pas été entamé. Je n'ai pas eu à me faire évacuer ; un simple pansement, qui m'a rendu *intéressant* pendant une quinzaine, m'a permis de reprendre mon service sans que ni physiquement, ni mentalement, il me soit resté trace de cet incident.

Comme cela se passait juste au moment où j'apprenais la mort de ce pauvre André, et qu'il m'eût été difficile de faire croire qu'il s'agissait seulement d'une *égratignure*, je n'en ai pas encore parlé à papa.

J'écris à ton père qui m'a envoyé une lettre très affectueuse. Comme il doit se sentir seul !

Mes amitiés, je te prie, à cette bonne Yvonne dont j'admire toujours la constance et l'esprit d'abnégation.

Veux-tu faire part à ta maman de mes respects affectueux.

Crois en ma fidèle amitié et permets-moi, en ces jours où il est si cruel de se sentir seul, de t'embrasser en vieux *copain*.

25 Novembre 1916.

MON CHER PAPA,

Nous ne sommes pas fâchés du petit repos que nous vaut la prise de M... (défense de le dire), dont nous fûmes et où nous sommes actuellement.

Les fatigues et la *tension morale* qu'impose la *première ligne*, même lorsque l'attrait d'une marche victorieuse en avant vous soutient, deviennent bien pénibles au bout d'une période prolongée.

La détente dont nous jouissons (récompense, paraît-il, de la façon brillante dont nous avons marché) nous est bien précieuse.

J'ai aperçu Carcopino qui m'a serré la main comme nous entrions dans la ville.

Nous avons reçu un accueil assez bon de la population (qui est d'ailleurs extrêmement mélangée), quelques acclamations, quelques fleurs, quelques drapeaux... Certains, cependant paraissent réellement heureux de notre arrivée.

La disette semble avoir été sérieuse ; tout est assez cher. Nous sommes cantonnés dans de petites maisons où de braves gens (plus ou moins Serbes) nous reçoivent très cordialement. Depuis notre départ de France, nous avions perdu l'habitude de pareil accueil ; depuis un an nous ne connaissions comme lieu de repos, que notre tente fragile. Nous ignorions le réconfort que nos camarades de France trouvent à s'asseoir au foyer de nos chaumières.

Enfin, je vois que l'on continue à parler de l'A. O. et que l'on commence à s'en occuper. Ce n'est que justice, maintenant que, sans avoir jamais cessé d'être à la peine, nous sommes à l'honneur. Mais quand ressentirons nous l'effet de cette sollicitude ? Quand, en particulier, fera-t-on entrer en vigueur le principe admis des vingt et un jours de permission par an ? Jusqu'à présent il fallait être malade ou *embusqué* à Salonique pour pouvoir aller en France.

Il est temps que ceux qui acceptent de ne pas être secrétaire ou cycliste de quelque haut placé, que ceux dont la santé a bien voulu résister à toutes les rigueurs du climat soient enfin autorisés à aller passer un instant chez eux !...

Je suis heureux que la tortue des enfants soit arrivée en bonne santé.

Notre excellent capitaine a été blessé dernièrement assez sérieusement et nous sommes tous désolés de perdre ce chef en qui nous avions une confiance absolue.

6 Décembre 1916.

MON CHER PAPA,

Ta dernière lettre semble considérer comme un fait acquis que je pars en permission? N'anticipons pas! Il n'y a rien de fait. Voici plus de quinze jours que nous avons pris Monastir. Voici, d'autre part, le mois de décembre bien entamé, — je crains que ma *prophétie* d'être à Paris avant la fin de l'année ne soit bien enterrée. Nous ne voyons en tout cas rien venir!

Maurice a dû maintenant, suivant mon désir, te faire part de ma citation et de ma *blessure!* Tu as compris pourquoi je ne t'ai pas parlé de cela plus tôt. Mon intention n'est pas, tu le sais, de te cacher ce qui m'arrive; mais, dans le cas présent — et dans l'état de bouleversement où je savais vos esprits, — la difficulté pour moi était précisément de vous faire accepter la *vérité absolue,* à savoir qu'il s'agissait d'une simple éraflure; il ne fut en effet pas même question d'évacuation et un simple pansement fit rapidement cicatriser l'écorchure.

Pour ma citation, Maurice a dû te dire ce qu'il faut en penser sans le moindre parti pris.

Pour te le mieux faire comprendre, voici ce qui s'est passé pour la prise de Monastir; le commandement a été si satisfait de nos succès qu'il a recommandé à tous les corps de se montrer *très larges* dans les demandes de récompense. Pour notre groupe en particulier, *toutes* les demandes de Croix de guerre ont été accordées.

Mon excellent capitaine, qui me sait gré de ma bonne volonté à servir, a saisi le prétexte de ma blessure, en rappelant l'épisode de la prise de Porroï où j'avais simplement fait preuve de calme (une contre-attaque bulgare qui aurait pu être grave).

Je dois avouer que je suis heureux de la joie que vous éprouvez à me savoir décoré.

15 Décembre 1916.

Ma chère maman,

Je t'ai dit, je crois, que dernièrement, notre capitaine avait été blessé très sérieusement devant Monastir. J'étais près de lui comme on le pansait. Un jet de sang, qui sortait violent du trou que lui avait causé une balle en traversant de part en part sa poitrine sous la clavicule, m'avait fait craindre une issue fatale et nous restions tous consternés devant ce chef incomparable, pendant les quelques instants où il perdit connaissance.

Sa constitution de fer l'a emporté sur le mal. Il est sauvé ! Mais, contrairement à ce que son énergie, son ardeur et son esprit d'abnégation lui faisaient dire, il ne reprendra pas le commandement de *son cher escadron* dans une *quinzaine de jours*. Peut-être jamais. Il a le bras droit paralysé, et son état a été jugé sérieux au point qu'on l'envoie en France pour pratiquer une opération délicate : l'hémorragie causée par une artère coupée a laissé un dépôt de sang dans la poitrine. C'est une grosse perte que nous éprouvons !

Le capitaine Oudin est le type d'officier le plus accompli qu'il m'a jamais été donné de rencontrer. Il est *actuellement unanimement* regretté. Il n'a pas toujours été apprécié comme il le méritait par ses subordonnés. Quoi de surprenant à cela? les hommes sont égoïstes; pour eux, *la justice* est ce qui les favorise. D'autre part, celui qui veut faire son devoir avec un scrupule absolu ne doit guère se préoccuper des intérêts mesquins de chacun.

Payant de sa personne dix fois plus que n'importe lequel de ses hommes (ou de ses officiers), notre capitaine exigeait pas mal de son escadron. Il secouait spécialement les *tire au flanc*, — ce sont ceux-là, du reste, qui ont le plus de griefs (prétendus) contre leurs chefs. — Doué d'une force physique énorme, d'une volonté plus tenace encore, il fournissait une somme de travail considérable, voulant toujours rester à la hauteur de sa responsabilité, faisant fi, — avec une abnégation rare, — du bien-être et des avantages qu'aurait pu lui donner son grade, pour ne se soucier que des devoirs qu'une conscience intransigeante lui dictait.

Son activité s'appliquait aussi bien à assurer la direction générale de son escadron avec intelligence et largeur de vues, que de régler les plus infimes détails du service (connaissance approfondie de chacun de ses hommes, nourriture, tenue des effets, etc.). Une mémoire prodigieuse le secondait. On a pu le trouver *barbant* quelquefois par la minutie qu'il apportait au service, sévère aussi dans son application des règlements militaires. On est forcé de reconnaître maintenant qu'il ne fut jamais inspiré que par le plus absolu esprit de justice et le plus profond sentiment du devoir.

Tous sentent qu'il nous manque aujourd'hui *un chef*. Avec lui il n'y avait pas d'à-coups; tout était réglé, tout était prévu. Il aimait son escadron.

Je le regrette personnellement beaucoup. Ses qualités sont celles que j'apprécie le plus. Bien que le sentiment du devoir militaire lui interdît toute faveur, il s'est occupé beaucoup de moi.

31 Décembre 1916.

Mon cher papa,

Je crois bien qu'à cette date je n'ai plus de chance que ma *prophétie* se réalise!...

Les permissions ont repris... mais il ne s'agit là vraisemblablement que d'un *geste* en réponse au vague parlementaire qui a pu poser la question à la tribune. *Trois* sont partis dans notre groupe! A ce taux, je compte que mon tour arrivera dans un an et demi!...

Tu me demandes si ma blessure m'a laissé des traces;

rassure-toi, je ne suis pas défiguré. Il me reste juste une petite cicatrice grosse comme une lentille.

Quel jour de l'an!... Le troisième dans l'isolement!... Ai-je besoin de te dire que, dans les instants de répit que laisse le métier, ma pensée sera d'autant plus près de vous que je sais combien tristes seront ces moments où le vide et l'éloignement vous paraîtront plus cruels!...

8 Janvier 1917.

Mon cher papa,

Je continue aujourd'hui le chapitre des décorations.

« Aimez-vous les *crachats*, on en a mis partout! » Figure-toi que, dans l'avalanche de décorations serbes qui s'est abattue sur notre armée (à raison de tant par régiment), la médaille d'argent pour la Bravoure m'est échue!

On m'aurait fort étonné si on m'avait prédit que je devais devenir titulaire de distinctions exotiques, que dis-je, balkaniques! Je compte bien ne pas m'arrêter là et j'espère que ma *brochette* va s'accroître encore...

Je pense que quelque prince Serbe se dérangera quand nous serons au repos en ville pour nous remettre cet ordre dont le ruban, ai-je besoin de le dire, est... *rouge!*

10 Janvier 1917.

Mon cher papa,

Je suis tout bouleversé d'une nouvelle que vient de m'apprendre cet excellent Loubet et que je ne *redoutais que trop*, hélas! Ce pauvre Tripet a trouvé la mort sur la Somme, le 4 septembre. Je le dis bien sincèrement, aucune perte, en dehors de la famille, ne pouvait me toucher plus profondément que celle de cet admirable ami. Hélas, ce sont les plus généreux qui disparaissent!

19

Tripet avait le cœur le plus riche qui se puisse imaginer. D'une nature ardente, fougueuse même, il n'y avait pas de dévouement dont il ne fût capable. D'un tempérament sensible qui en plus faisait de lui un être charmant, un artiste parfait, il avait une énergie virile qui l'affirmait *quelqu'un*. Il avait la modestie de cacher la plus parfaite délicatesse sous un aspect qu'il essayait parfois de rendre *bourru*. Pour ma part, c'est un regret que j'ai souvent exprimé que de n'avoir pu vivre plus dans son intimité, très occupés tous les deux, dans des sphères différentes. J'aurais voulu que nous pussions nous voir plus souvent; une amitié comme la sienne est de celles que l'on recherche et dont on est fier.

Il venait de se marier et c'était le bonheur, certes, qui entrait dans ce nouveau ménage. Voilà que tout est brisé!... Je redoutais cette fin, car il avait une nature à se donner sans marchander, jusqu'au bout.

Blessé deux fois et de blessures terribles dont chacune aurait incité plus d'un à rester un peu tranquille dans quelque emploi, il avait tenu à repartir sans retard pour le front. Et il tombe dans la plus terrible bataille que nous ayons eue !...

Avec Munier, Eysseric, je perds là trois amis des Roches bien précieux !

15 Janvier 1917.

A sa sœur.

MA BONNE « TOTOEUR »,

Voilà une éternité que je ne t'ai écrit...

Ta lettre m'est bien parvenue aux environs du nouvel an qui n'a présenté rien de particulièrement « *nouveau* » pour nous, puisque nous avons continué à « *mariner* » dans nos trous et nos tranchées.

Par l'abrutissement où l'on vit, plus que par le manque de temps, il arrive que l'on écrit en somme fort peu et il se trouve que ce sont ceux que la pensée quitte le moins que l'on néglige le plus, les sachant moins capables de se formaliser et surtout de *douter de votre affection*. Je me fais souvent ce reproche pour ce bon Maurice (que je charge de corvées comme dernièrement) et auquel j'écris moins souvent qu'il ne me donne directement de ses nouvelles.....

Que te dire d'ici? Tu es au courant de ce que nous faisons; tu sais par mes lettres aux parents ce que je deviens. Nous tenons les tranchées sans discontinuer, ce qui est monotone, comme tu peux le penser. En somme, on y est pour le moment tranquille et d'autre part la « ville » est terriblement marmitée.

Je suis heureux que la tortue soit bien arrivée et que vous la considériez comme un souvenir pas indifférent. Je remercie mes chères petites nièces (mes chères *grandes* devrais-je dire) de leurs bonnes lettres.

Je voulais te dire pour cette bestiole qu'il ne faut pas, à mon avis, essayer de la faire manger, ni de la réveiller. Ici, à cette époque, les tortues sont en léthargie, enterrées à environ 50 centimètres et dans une sorte de nid d'herbages qu'elles se font. Il faudrait donc respecter cet instinct et lui laisser la facilité de se blottir dans le coin de quelque boîte où vous auriez mis un peu de terre et surtout un peu de foin sec, de paille ou de copeaux de bois.....

Pour les permissions, il serait réellement temps que les poilus, assez rares comme moi, que la maladie n'a [pas fait évacuer en France après un an d'Orient, puissent un peu aller chez eux. Attendons : il n'y a pas encore *trois ans* que j'ai quitté Paris! Le dernier « *tuyau* » est l'établissement d'un service régulier par l'Albanie, Brindisi, l'Italie ; rapidité, sécurité, pittoresque, etc... Patientons!... En attendant, restons vaillants et confiants !

On me dit que nos bons parents et toi êtes très courageux et c'est pour moi une assurance précieuse.

Je t'embrasse bien affectueusement, ainsi que Simone, Jacqueline et Suzanne.

20 Janvier 1917.

MON CHER PAPA,

Que ce *repos* prenne vite fin ! Nous sommes éreintés. En raison des effectifs qui nous restent nous n'avons plus de répit un instant... Les renforts qui viennent de France attendent en face les troupes de Constantin dont il semble bien que l'on ne veuille pas régler le sort.

Donc le *repos* dans la ville dévastée consiste en revues, gardes, patrouilles, rondes et, *la nuit*, on remonte *en ligne* (1 h. 1/2 d'ascension) pour travailler aux fortifications... Le jour, inutile d'essayer de dormir (circulation, bombardement, etc., etc.). On a profité de notre séjour ici pour nous décorer *devant le front des troupes*, cérémonie d'ailleurs peu imposante. Bref, je suis détenteur d'un papier et de deux décorations ; ma Croix de guerre est avec palme.

J'ai reçu une longue lettre du capitaine Harispe. Je suis confus qu'il m'ait félicité de ma modeste citation avant que je n'aie pu lui dire combien j'avais admiré sa conduite dans la grande bataille.

30 Janvier 1917.

Still in the trenches, on rather a high hill. Awful weather ; rain or snow. Always in good health, in spite of wet feet and frozen nose !...

5 Février 1917.

MA CHÈRE MAMAN,

Comme je suis heureux de la distinction dont cet excellent Marcel Pellerin vient d'être l'objet ! J'ai une parfaite estime pour ce charmant garçon qui a fait son devoir avec beaucoup de *chic*, comme son rang et sa situation l'y obligeaient... Mais combien peu se conforment à cette obligation morale !...

15 Février 1917.

MON CHER PAPA,

Les cadeaux envoyés étaient très bien ; les portefeuilles sont somptueux et les pipes ont eu un succès fou. Nos effectifs étant minimes, j'ai pu en distribuer à tous mes hommes et j'ai même donné les pipes qui restaient aux autres pelotons de l'escadron. Mille remerciements de tous.

On vient de faire la liste des hommes ayant plus d'un an d'Orient. Je n'en tire aucune conclusion pour les permissions, car nous avons eu beaucoup *d'alertes* de ce genre et on n'en est pas à un *état* près ! Dans la paperasserie militaire, souvent *l'état*... c'est l'enterrement d'une question !

25 Février 1917.

MA CHÈRE MAMAN,

Moins que jamais je veux manquer la date à laquelle je t'ai promis de t'écrire. Je pars, en effet, demain matin en auto pour Florina (où je me réjouis déjà de trouver l'excellent ami Carcopino).

Motif: un petit morceau de métal est venu se loger dans le gras de mon avant-bras gauche et je dois passer aux rayons X. pour que l'on me l'enlève sans avoir à le chercher, en raison même de son exiguïté ! Je ne souffre nullement, d'ailleurs tu vois que mes facultés physiques ni celles de mon esprit ne sont atteintes ! S'il s'agissait de quelque chose de plus sérieux que ce fragment d'obus, je prendrais plus de ménagements pour te l'annoncer...

Je souhaite, sans trop l'espérer, que mon tour de permission (on en reparle fort) arrive pendant que je serai à me reposer à Florina. Cela tomberait tout à fait bien, avec les beaux jours.

J'ai reçu tout à l'heure une charmante lettre, de cette bonne Rosette Delizy. Je suis heureux que Simone Pierné aille mieux.

Je t'écrirai demain dès que je serai installé et que mon éclat sera enlevé. Le service sanitaire semble bien maintenant ; on a pris soin de me faire une injection antitétanique et je suis heureux qu'on me conduise de suite dans un hôpital bien installé.

Qui sait ? A bientôt peut-être !

1er Mars 1917.

MA CHÈRE MAMAN,

Tu auras peut-être déjà de mes nouvelles par Carcopino qui me dit vous avoir écrit. J'ai été bien heureux de le voir et de me promener un peu, avec lui, au beau soleil de ces jours-ci.

Tu vois que tout va bien ; je suis parti de Monastir le 26 au matin sur une auto conduite par un *gentleman américain*. Nous avons parcouru en sens inverse, à bonne allure, le terrain de notre avance de novembre, et c'est aux casernes de Florina, transformées en un grand hôpital, que l'on me dépose. C'est vers ces casernes que nous marchâmes à l'attaque de cette ville ; je repasse à l'endroit même où je reçus ma première blessure.

Le matin même je fus passé à la radio : le projectile fut facilement repéré ; il s'agit d'un petit éclat gros comme un petit haricot qui a eu la bonne idée de ne pas toucher l'os, bien qu'entré assez profondément.

L'après-midi même je suis passé à la salle d'opérations où l'on m'a chloroformé légèrement et extrait l'éclat sans incident. Mon bras est forcément un peu engourdi ; mais je n'en souffre, somme toute, pas. Je pense rester ici encore quelques jours, jusqu'à ce que la plaie commence un peu à se cicatriser, et l'on me dit qu'alors je partirai sur Salonique pour terminer ma guérison. Il se peut fort bien que mon tour de permission arrive alors et nous aurons peut-être la joie de nous revoir!...

10 Mars 1917.

MON CHER PAPA,

Je suis parti le 7 au matin de Florina en auto pour Exissou, refaisant en sens inverse le chemin pénible de notre avance qui aboutit à la prise de Florina.

Après un long voyage de quatorze heures en wagons à bestiaux, arrivée à Salonique où on nous fait coucher, à la gare, dans des locaux spécialement aménagés, et hier matin je fus dirigé vers l'hôpital auxiliaire n° 1: hôpital lyonnais situé à l'autre bout de la ville, près de la mer, et qui est réellement très bien. C'est une organisation civile. L'installation est bien comprise : linge en abondance, lits confortables, lavabos (eau à volonté, ce qu'on ne voit jamais dans une administration *vraiment militaire!*) W.-C. avec, — détail incroyable, — du *paper!* Le service est bien fait : infirmiers et infirmières dévoués.

J'oubliais de te parler de mon bras ! Il va aussi bien que possible ; les bords de la plaie commencent à se cicatriser et je pense que cela ira assez vite maintenant.

D'après ce que j'entends dire, il se pourrait fort bien que, retournant d'ici à notre dépôt de Zeïtenlick (Salonique) une fois guéri, l'on m'envoie en permission avant de me diriger sur le front.

Je ne sais s'il en est qui trouvent leur idéal de poilu atteint parce qu'ils sont *embusqués* à l'hôpital ; pour ma part, il me semble qu'une fois cette impression de repos bien *savourée*, on doit vite *se languir*, tant à cause de l'ennui causé par l'oisiveté que par la pensée que l'on conserve pour les camarades restés là-bas...

20 Mars 1917.

Mon cher papa,

Nous sommes tout émerveillés des dernières nouvelles reçues : Bagdad, Bapaume, Péronne, Soissons et Monastir aussi…

J'ai presque un remords de ne pas me trouver avec mes camarades en ces heures graves, mais le sort en a voulu autrement…

Et ma blessure ! J'oublierais pour un peu d'en parler. C'est que je mène ici la vie la plus absolument végétative qui soit, dans laquelle les soins ne tiennent même pas la place prépondérante. Tous les trois jours environ on me refait mon pansement et l'on constate que la cicatrisation suit son cours normal. Assurément cela va un peu moins vite que je ne le supposais au début, puisque je pensais être guéri en huit jours au plus, mais mon infirmière m'avait bien mis en garde contre cet optimisme naïf.

Pour ces petites plaies, qui ont toujours un peu de suppuration par suite de l'introduction dans les tissus des impuretés des vêtements sales, il faut toujours un certain temps. En tout cas, cela va aussi bien que possible et je ne ressens aucune douleur.

Salonique, hôpital Lyonnais, 30 Mars 1917.

Mon cher papa,

C'est un oubli de ma part de ne pas t'avoir dit que j'ai bien reçu la première épreuve de la tombe de notre pauvre André ; je la garde sur moi. Je vois que ses camarades lui conservent toujours un souvenir fidèle et soignent bien ce modeste ouvrage.

Bien reçu la lettre de Richard ; je lui ai répondu assez tardivement, il est vrai. Je n'avais pas voulu manquer de le faire, il m'avait écrit une si bonne lettre ! C'est un garçon très délicat, plein d'énergie et très lettré…

Mon séjour ici se prolonge, mais je crois que réellement

je sortirai dans les premiers jours de la semaine prochaine ; ma blessure se réduit actuellement à une petite croûte bien nette qui a à peu près un centimètre de long. On attend que je sois *complètement* guéri.

M. Saint-René m'a écrit une de ces jolies lettres (forme et fond) dont il a l'habitude, à son arrivée à Saint-Rémy. Il me parle d'une de ses lettres de fin novembre que je n'ai pas reçue.

Je ne sais toujours pas si le dépôt d'ici donne des permissions pour la France. Patientons encore ! Il paraît en tout cas que le voyage se fait de façon presque courante actuellement par l'Italie ; ce doit être délicieux !

10 Avril 1917.

MON CHER PAPA,

J'ai quitté aujourd'hui l'hôpital Lyonnais après un mois juste de séjour.

On m'y aurait bien conservé encore un peu ; mais, guéri complètement, je trouvais mon séjour long et je l'ai dit.

Je viens d'arriver au dépôt.

15 Avril 1917.

MON CHER PAPA,

Si je suis sensible *au cafard*, ce doit bien être cette sensation que j'éprouve depuis cinq jours !...

Le dépôt est bien l'institution la plus anémiante, moralement, que l'on puisse imaginer pour celui qui n'y est pas habitué.

Nous sommes bien installés ; j'ai pour moi un grand *maraboul* ; nous prenons des repas très confortables dans une *popote* agréable. Pour les sous-officiers en particulier, exactement *rien à faire*.

Pour ma part, j'attends, avant de retourner au front, mon tour de départ en permission — mais on me dit que des hommes

20

attendent déjà leur permission depuis plus de deux mois ! Je deviendrai fou avant ce délai !...

28 Avril 1917.

MON CHER PAPA,

J'ai fait une demande au général en chef qui pourrait me faire avoir un tour de permission spécial, en invoquant : deux blessures, citation, perte de mon frère en captivité, dix-huit mois d'Orient, etc... attendons...

Camp d'Hortakoï, 5 Mai 1917.

MA CHÈRE MAMAN,

Me voici depuis trois jours au centre d'instruction. Nous avons eu une marche assez pénible d'une quinzaine de kilomètres pour venir ici à travers la montagne.

Je suis un peu désillusionné. On m'avait parlé presque d'un paradis terrestre ! Il est simplement exact que le site est beaucoup moins aride que les environs de Salonique. La végétation y est encore assez mesquine, mais l'air est pur à cause de l'altitude. Les fonds sont jolis et l'on découvre, en grimpant, de beaux points de vue.

Je préfère la vie d'ici à l'existence abrutissante de cet affreux dépôt du camp de Zeitenlick.

Nous suivons, pendant une quinzaine, un cours pratique et théorique de *grenadier* : conférences intéressantes et surtout beaucoup d'exercices physiques, lancement de grenades, etc...

Nos instructeurs semblent excellents. Le centre d'instruction d'Hortakoï est un de ces véritables *villages champignons* comme il en pousse un peu partout, situé en pleine campagne et construit tout en baraques de planches. C'est une agglomération de 2.000 hommes environ : école de grenadiers, de mitrailleurs, de fusiliers mitrailleurs, de canonniers d'infanterie ; une cité très active où l'on manœuvre tout le jour, où les mitrailleuses crépitent, les grenades éclatent et les canons grondent...

L'œuvre accomplie ici, par et pour les armées, est colossale et tout cela ne sent pas une fin prochaine de la guerre !

Et j'attends toujours ma permission... Comme je vous l'ai dit, j'ai adressé à ce sujet une demande au général en chef, par la voie hiérarchique (qui est, comme chacun sait, le plus long chemin d'un point à un autre). Ma permission est revenue une première fois pour être refaite sur papier *modèle règlementaire* (Courteline a cours, même en temps de guerre !). Et voilà qu'aujourd'hui on me téléphone de Salonique pour me réclamer des *pièces justificatives* de la perte de mon frère que j'avais fait valoir comme motif dans ma demande.

Je suis patient heureusement et j'emploie mon temps utilement ici en somme.

Hortakoï, 15 Mai 1917.

MA CHÈRE MAMAN,

J'apprends que ma demande a été accordée ! Je suis, comme tu l'imagines, ravi de cette nouvelle qui va me permettre de vous revoir enfin ! Mais je ne pars pas immédiatement. Je termine mon cours ici, ce qui va encore demander quelques jours, et je retournerai au dépôt pour attendre un des prochains départs. Je pense que le voyage se fera par l'Italie, ce qui est plus agréable, plus court et plus *sûr*.

Je pense déjà que ce bon temps de permission passera bien vite. Voilà tant de mois que nous ne nous sommes vus, pendant lesquels les événements se sont succédé avec une rapidité si tragique !

Au revoir et à *bientôt* cette fois...

20 Mai 1917.

MA CHÈRE MAMAN,

Me voici revenu au dépôt et ma permission signée suit son cours, ce qui veut dire que je ne sais encore quand je vais pouvoir partir !

Une circulaire récente fait connaître que ceux qui ont dix-huit mois d'Orient et sont renvoyés en France (par permission ou évacuation) ne reviennent ici que s'ils en font la *demande écrite* en arrivant à Marseille. Grave question, car alors on en *reprend* pour dix-huit mois!

J'hésitais : il m'était pénible de quitter mon groupe et les quelques camarades que j'avais. Mais la fameuse *relève des dix-huit mois* va se faire pour tous je pense, et je me trouverais alors seul!... De plus, notre pauvre groupe vient d'être très cruellement éprouvé, à tel point qu'il n'en reste pour ainsi dire plus de ceux que j'ai connus, hélas!

Je suis bien décidé, maintenant, à ne rien demander et à me laisser affecter en France, où l'on voudra.

30 Mai 1917.

MON CHER PAPA,

Grand branle-bas avant-hier soir, préparatifs la nuit, réveil à trois heures du matin, rassemblement, appel, formalités à n'en plus finir, acheminement vers le port, chargés lourdement de nos bagages, on embarque sur le *Timgad*. On s'installe, on déjeune, on attend le signal du départ. Appuyé au bastingage, je regarde une dernière fois la superbe rade de la *ville convoitée* pendant que ma pensée passe en revue les événements de ces dix-huit mois d'exil, lorsque l'on crie : « Tout le monde descend! ».

On croit d'abord que c'est pour aller sur le « Canada » qui est en rade, prêt à partir aussi. Mais nous voyons que ce bateau décharge aussi ses permissionnaires et l'on nous dépose bien gentiment à quai d'où l'on nous reconduit sans autre explication à Zeitenlick — où me revoici!... Faudra-t-il encore attendre dix-huit mois avant de *repartir* en permission??...

Explication, rien d'officiel.

On a dit que ces deux grands transports étaient réquisi-

tionnés d'urgence pour conduire des troupes à Athènes, *où cela
irait mal!* Nous n'avons pas été, en tout cas, sans trouver la
plaisanterie d'assez mauvais goût;... J'ai bien fait de ne pas vous
envoyer de dépêche avant mon *départ!*

Et les événements? pas brillants en ce moment. Au diable
les Russes avec leur révolution! Ceux qui sont ici l'ont fêtée
de façon bien spéciale, — avec leurs *frères Bulgares!!!*

5 Juin 1917.

Mon cher papa,

La dislocation de notre groupe étant prononcée, nous passons... *à cheval!*

Dans quelques jours je serai *chasseur d'Afrique,* avec tenue
kaki et *chéchia* rouge (voir Tartarin).

12 Juin 1917.

Mon cher papa,

Une note dit qu'il n'y aura pas de départ de permissionnaires jusqu'à *nouvel ordre.*

C'est peut-être une raison pour que nous soyons embarqués
prochainement!

AU DÉPOT EN FRANCE

❧

Saint-Maixent, 4 Août 1917.

MES CHERS PARENTS,

Bien arrivé tout à l'heure, après une excellente nuit passée debout dans le couloir !

Il pleut !

Saint-Maixent, 6 Août 1917.

MON CHER PAPA,

J'ai reçu ta lettre de samedi. Que cela semble bon d'avoir des nouvelles aussi rapidement !

Je suis remonté ce matin à cheval après deux ans et demi d'interruption : petite courbature.

J'ai déjeuné hier avec mes hôtes toujours bien aimables.

Je dois partir dans un mois faire un stage de mitrailleur.

Saint-Maixent, 15 Août 1917.

MON CHER PAPA,

On parle en ce moment de demander des sous-officiers pour suivre un cours de trois mois à Fontainebleau, afin d'être nommé aspirant. Je me tâte un peu !

Saint-Maixent, 17 Août, 1917.

MON CHER PAPA,

Je me suis fait inscrire comme élève aspirant d'artillerie.

Saint-Maixent, 18 Septembre 1917.

MON CHER PAPA,

Je suis très pris en ce moment, me trouvant seul au peloton avec un officier très exigeant. J'ai même réussi à avoir quatre *jour d'arrêts* pour un de ces motifs d'une futilité toute militaire qui font sourire — ou qui apitoient — ceux qui ne sont plus des enfants, savent un peu se gouverner eux-mêmes et sont capables aussi d'obéir à des mobiles autres que la crainte!...

Toujours pas de nouvelles pour Fontainebleau.

Saint-Maixent, 24 Septembre 1917.

MON CHER PAPA,

Deux mots pour te dire que nous quittons Saint-Maixent pour Niort, jeudi 27.

Adieu ma bonne chambre et mes excellents hôtes!...

Niort, 1er Octobre 1917.

MON CHER PAPA,

Voici ma nouvelle adresse : « École américaine d'artillerie », Saumur.

Il ne faut pas en conclure que je vais me faire initier à l'artillerie par les Américains. Non! Au contraire, l'artillerie est enterrée pour moi; la liste des candidats à l'École de Fontainebleau est parue, mon nom n'y figurait pas, ce qui veut dire que ma demande n'a pas été acceptée!

Entre temps, notre dépôt avait eu à désigner quatre sous-officiers comme « sous-instructeurs d'équitation • à l'école en question. Un de ceux-ci s'étant fait porter malade hier, on m'a désigné, non pas qu'on ait tenu compte des aptitudes pour ce choix ou de ma connaissance de l'anglais (il n'a même pas été question de la langue anglaise); mais on fait, comme d'habitude, une désignation au *petit bonheur!*

J'avoue que, puisque je ne semblais pas devoir partir immédiatement au front, je préfère passer ce temps d'arrière là-bas qu'au quartier où la vie est odieuse avec toutes les mesquineries du temps de paix.

Saumur, 4 Octobre 1917.

MON CHER PAPA,

Arrivée, prise de contact, installation. Je n'ai pas encore eu le temps de t'écrire, d'autant plus que je voulais voir un peu ce que nous allions avoir à faire ici.

Voici : il y a, à Saumur, deux cents cinquante américains (prochainement beaucoup plus) aspirants ou sous-lieutenants d'artillerie, qui viennent se perfectionner avant d'être définitivement titularisés. Ils sont entre les mains des artilleurs, par conséquent, sauf pour *l'équitation*.

On a constitué pour cela deux escadrons. Nos officiers (qui parlent anglais) commandent les reprises, nos hommes soignent les chevaux, s'occupent des harnachements, etc., et nous, sous-officiers, nous nous occupons de tous les détails matériels; de temps en temps nous montons en tête de reprise et nous faisons des séances de dressage pour chevaux rétifs. Voilà tout. C'est absolument terre à terre et sans intérêt. Nous sommes palefreniers en chef.

Au point de vue de l'installation, inutile de te dire que rien n'était prévu. Nous sommes arrivés (appelés d'urgence) l'autre nuit à une heure du matin. A l'école, personne ne savait ce que nous venions faire! Tous les hôtels pleins. Il nous a fallu retourner à la gare (4 kil.) et nous avons dû nous estimer bien heureux de trouver un wagon pour dormir!

Le lendemain, après les péripéties habituelles dans les bureaux, on nous a indiqué à peu près notre rôle; mais pour le gîte et la nourriture : pas de place à l'école, pas de place à la cantine. *Débrouillez-vous!* Force nous fut donc d'aller à l'hôtel et au restaurant.

On nous a loué une petite maison en ville où nous devrions nous empiler, — aucun mobilier, ni cuvettes, ni chaises, ni tables, ni eau. De simples lits militaires avec *punaises!* La plupart ont déserté la villa et ont loué des chambres aux environs. J'ai trouvé un logement.

La ville est très proprette ; le site est merveilleux avec la Loire...

Saumur, 8 Octobre 1917.

MON CHER PAPA,

J'ai ramassé hier soir une *pelle* formidable. Je suis tombé en sortant du mess dans l'obscurité, dans un trou de 1 m. 80 creusé pour réparer un égout ! Je suis arrivé la tête la première au fond : commotion violente. Des camarades m'ont aidé à sortir tout étourdi et je me demande encore comment je ne me suis pas brisé le crâne ! J'ai une belle bosse et un sérieux mal de tête. Je suis sorti de là, un bloc de boue, nauséabond !... Légère égratignure à la tête à l'endroit où elle a porté. Je vais me faire faire une piqûre antitétanique.

Saumur, 22 Octobre 1917.

MON CHER PAPA,

Une dépêche de mon dépôt m'apprend que je devrais partir d'ici, une décision ministérielle m'ayant désigné pour Fontainebleau...

Saumur, 25 Octobre 1917.

MON CHER PAPA,

Doux métier ! Me voilà reparti vers une nouvelle résidence, de nouvelles occupations, de nouveaux chefs !

On m'a prévenu à 11 heures que je devais partir au train d'une heure ! Je n'ai *pas marché*, d'autant plus que l'on m'a trimballé de bureaux en bureaux pour régler mon affaire.

21

Il paraît qu'il y avait urgence à ce que je sois rendu le 26, avant midi, à Fontainebleau; mais l'*urgence militaire* est relative, j'en sais quelque chose et ne *m'en fais* plus pour si peu!

Un superbe furoncle au cou achève de m'ôter toute trace d'enthousiasme...

Fontainebleau, 27 Octobre 1917.

MON CHER PAPA,

Je viens d'arriver et l'on ne m'a *même pas demandé* pourquoi j'étais en retard d'un jour. Mon furoncle me fatigue un peu. Nous ne commencerons à travailler que lundi.

Comme première impression, cela me rappelle tout à fait l'incorporation des *bleus*. Nous sommes couchés dans des *dortoirs*, repas dans un *réfectoire* de trois ou quatre cent, avec une nourriture...

Il paraît qu'anciennement nous étions mieux; logés par petites chambres de trois ou quatre. Mais les Américains sont venus ici aussi.

Fontainebleau, 28 Novembre 1917.

MON CHER PAPA,

Toujours pas de résultat officiel pour notre examen; mais, en ce qui me concerne, je ne pense pas qu'il y ait de doute.

Caen, le 28 Février 1918.

MA CHÈRE MAMAN,

Je suis bien arrivé, ai trouvé M. Paul Bilhaud à la gare. Je suis allé au quartier où on semble me traiter avec beaucoup de déférence.

On m'a dit que ma présence assidue au quartier n'était pas utile pendant les quelques jours que je vais avoir à rester ici. Le 43e d'artillerie est loin, mais j'y serai assez peu.

Caen, 6 Mars 1918.

MA CHÈRE MAMAN,

Je suis passé ce matin voir le secrétaire du colonel et j'ai vu que j'étais porté sur son agenda comme devant partir le 10 mars, date extrême fixée par le ministre.

11 Mars 1918.

MA CHÈRE MAMAN,

Nuit du 11 au 12 à la gare. Je repars à deux heures du matin. Mon secteur postal est n° 93. Je ne sais encore quelle batterie.

Première nuit sur la dure, alerte d'avions boches, sans suite d'ailleurs.

12 Mars 1918.

MON CHER PAPA,

L'alerte que nous avons eue cette nuit, en route, était peut-être pour les gothas qui sont allés sur Paris. J'attends de vos nouvelles sur ce raid, mais ne manquez pas tous de descendre dans les caves. Ici il y a partout des abris et l'on s'y met...

Je suis pour aujourd'hui à *l'échelon*, position en arrière des batteries où se trouvent caissons et ravitaillement. J'irai demain à ma batterie, je ne sais encore laquelle.

AU FRONT EN FRANCE

30 Mars 1918.

MON CHER PAPA,

Oui, les événements actuels sont sérieux !

Ici, rien de spécial, à part quelques coups de main de temps en temps, — pour nous des *barrages* à effectuer à différentes heures du jour et de la nuit...

5 Avril 1918.

MON CHER PAPA,

Rien de nouveau ici, toujours assez calme.

Je ne serais pas étonné que la Somme ne devienne ce que fut Verdun, un secteur où chaque division ira faire un petit tour, et je ne serais pas surpris si nous ne restions pas très longtemps ici, — simple impression personnelle.

17 Avril 1918.

MON CHER PAPA,

Voici *enfin* Foch *Généralissime !*

Mais voici que ce sont encore les Français qui vont rétablir la situation dans les Flandres !...

16 Avril 1918.

A son beau-frère,

MON VIEUX MAURICE,

Je ne sais si les deux lettres que je t'ai écrites précédemment t'ont suivi dans tes pérégrinations.

En tout cas, j'ai eu de tes bonnes nouvelles par la famille.
Je sais que tu as eu la bonne fortune d'être, pendant quelques
jours, l'hôte des si affectueux amis Savary. Je sais enfin que tu
viens d'être promu et t'envoie mes plus cordiales félicitations à
ce sujet.

L'avancement des deux militaires pleins de bonne volonté
que nous sommes aura été *foudroyant :* te voilà sous-officier et
moi presque adjudant, presque officier, c'est fou! Et il n'a pas
fallu tout à fait six ans pour réaliser cela?...

Il est fantastique de penser que l'on vient seulement ces
jours-ci de faire une réalité du mot *Généralissime* sur le front
occidental! Espérons que cela portera ses fruits...

16 Avril 1918.

MA CHÈRE SUZANNE,

Toujours rien de spécial ici. Voici, à titre de document,
l'emploi d'une journée dans un *secteur calme,* comme celui-ci l'est
pour le moment, mais on ne sait jamais combien cela durera.

Huit heures du matin; la porte de la *cagna* où je couche avec
deux autres sous-officiers s'ouvre, ou du moins je suppose qu'elle
a dû s'ouvrir, car j'entends près de moi une voix : « Monsieur
l'Aspirant, c'est le jus... attention! Il est bien chaud » — Naturellement ce doit être trop chaud! « Mettez ça sur le bord de
nos couchettes, merci... »

Cette fois, j'entends bien, je suis réveillé, la porte se
referme. Ouf! n'y aurait-il plus moyen d'être tranquille? Les
couvertures, un instant agitées, redeviennent calmes; notre res-
piration est régulière; on *remet ça* pour *en écraser.*

La *carrée* s'agite de nouveau, je te dis qu'il n'y a pas moyen
d'être tranquilles un instant! C'est le *lampon* qui est là. « Quelle
heure est-il? Quel temps fait-il? » — « Il est dix heures, il
brouillasse! » — « Bon, allumez donc un peu de feu ». Et l'on

commence à se lever péniblement au milieu de la fumée qui vous prend à la gorge, mais la fumée n'est pas dangereuse : il n'y a pas de saucisse boche en l'air pour nous « repérer ».

L'odeur d'eau de Cologne et de poudre de talc se mêle à celle de la fumée. On se fait les ongles, — nous sommes très *refined* en temps de calme, — Zut! je n'aurai jamais le temps de me raser avant la soupe, il est onze heures moins cinq minutes. Je te dis que l'on ne sait où donner de la tête! Onze heures.., *la soupe*. Nous avons vite fait de déguster *l'ordinaire* dans l'espèce de hangar recouvert de tôle qui nous sert de *mess* et où l'on gêle par le vent froid de ces jours-ci. Nous avons fini, mais nous ne sommes pas au bout de nos peines! il faut attendre sans défaillance l'heure du coucher et il n'est pas tout à fait midi!... Moi, je vais me raser (au propre) en attendant le courrier... On travaille un peu, il est une heure, et voilà déjà que les regards se tournent du côté du petit bois d'où l'on voit déboucher le vaguemestre, pas à cette heure-ci, mais vers trois heures en général; ce qui n'empêche que l'on dit déjà : « Je ne sais pas ce qu'il fait cet animal-là, il arrive de plus en plus tard!... »

On veut se mettre à écrire, mais à quoi bon? Il vaut mieux attendre le courrier, les lettres et les journaux. Fausse alerte! On avait cru reconnaître la bécane du planton! C'est le cycliste d'une autre unité. On apprend déjà qu'il y a *beaucoup de lettres* pour le secteur..., mais voilà notre homme! De loin on évalue ses chances à l'enflure de sa sacoche!... Il y a dès lors deux alternatives : on aura des lettres ou on n'en aura pas...., et, suivant le cas, les journaux vous paraîtront rassurants ou bluffeurs; les plus graves problèmes, les *buts de paix* ou la *tournure de l'offensive*, prendront des aspects bien différents!

Ne parlons pas des jours sombres et supposons que l'on a reçu des lettres (ou *la* lettre), alors on lit lentement son courrier, on y répond, on parcourt superficiellement (tu verras pourquoi) les journaux et, ma foi, l'heure de la *soupe* arrive de nouveau sans trop de douleur : il est cinq heures quarante-cinq ! On a fini et l'on ne peut décemment se coucher déjà. On s'empile alors dans les cagnas où brûle (avec fumée bien entendu) un feu infernal. Pipes et cigarettes s'allument, c'est une atmosphère intenable ! Quelque poker ou manille se donne cours ; moi je suis dans un coin à lire ou écrire... C'est dans cette atmosphère que j'ai commencé cette lettre.

Puis vient neuf heures et demie ; il n'est que temps de se coucher si l'on veut pouvoir *faire* ses douze heures. A la chandelle mise près du *plumard*, on lit alors à fond, — mais alors seulement, — les journaux et l'on s'endort sur l'article d'un général X... quelconque.

Telle est notre journée !

Mais, vas-tu me demander, et l'artillerie ? Oui, assurément, nous sommes artilleurs. Eh ! bien, voilà : de temps en temps, dans le jour, on fait un petit *tir de réglage*, et la nuit, ou bien nous essayons un de ces *coups de main* qui nous permettent (ou non) de ramener quelques prisonniers et c'est alors à nous d'exécuter un de ces savants *feux roulants* ou de ces *tirs d'encagement* qui abrutissent le Boche ; ou alors ce sont les Boches qui attaquent et tous nos poilus bondissent aux pièces pour exécuter un *barrage nourri*...

Voilà !... Voilà quand c'est calme !

Je termine. J'en suis à l'heure d'attente du courrier, — espérons que tu ne vas pas m'avoir oublié aujourd'hui !...

23 Avril 1918.

Ma chère maman,

Je suis ennuyé de te savoir si seule dans cette grande maison qui fut pleine de gaieté et de bonheur et où, hélas ! tant de souvenirs chers sont si présents !

La *cagna* où j'habite avec deux autres sous-officiers est

bien construite, en excavation dans un petit bois et, ma foi, très confortable.

Notre secteur est toujours assez calme.

C'est plutôt nous qui avons la parole en ce moment. Nous embêtons assez les Boches. Eux ne répondent presque pas. Se réservent-ils pour quelque jour? Mystère...

Je suis allé hier, seul, commander un tir de l'observatoire par téléphone. C'est assez amusant de se sentir maître de déchaîner ainsi les éléments destructeurs!...

9 Mai 1918.

MA CHÈRE MAMAN,

A propos d'ancienneté, j'ai été bien amusé l'autre jour, alors que l'on établissait mon dossier de notes pour mon futur avancement, de constater mon *ancienneté* comme états de service, ancienneté qui se décompte en *annuités* (pas en années). Sais-tu à quel total je monte? Presque *treize annuités!* Je me sens déjà vieux briscard... Comment l'on arrive à ce chiffre? Voici : les années de guerre comptent double, les citations à l'armée comptent pour une, ainsi que les blessures.

14 Mai 1918.

MON CHER PAPA,

Suite inattendue (et d'ailleurs sans résultat) aux *annuités* nombreuses dont je te parlais : le lieutenant qui commande ma batterie m'appelle et me dit qu'une note est parue pour les propositions de *médaille militaire* de ceux qui ont *treize annuités* de service et qu'il va me proposer si j'ai le compte.

Nous additionnons méticuleusement mois et jours et constatons qu'il manque... 40 jours! Rien à faire!... J'avoue d'ailleurs qu'il eût été un peu ridicule de me voir attribuer cette belle distinction qui est réservée aux héros exceptionnels, aux amputés, aux sous-officiers et gendarmes qui ont fait quinze ans de service, car c'est dans cette dernière catégorie qu'il aurait fallu me ranger!

As-tu vu le chat qui a accompagné le capitaine anglais dans son expédition à Ostende? La marine britannique a fait preuve d'un joli *cran* dans cette occasion!...

16 Mai 1918.

MON CHER PAPA,

Je suis un bien plus *vieux briscard* que je ne pensais : total revisé de mes annuités : 17, presque 18!... Il ne faut pas *essayer de comprendre;* suivant la formule, *c'est militaire;* les années passées dans la vie civile depuis mon service jusqu'à la mobilisation comptent!... Je remplis donc, largement, les conditions qui caractérisent le *vieux serviteur,* suis proposable pour la médaille militaire et *proposé* par le lieutenant commandant notre batterie... Ce doit être pour la promotion du 14 juillet. Remarque naturellement que ce n'est qu'une proposition et que je serai en concurrence avec nombre *sous-off* de carrière, comptables, maréchaux, armuriers, gendarmes même... S'il m'arrive de passer, il faudra considérer cela comme une consolation d'être resté si longtemps dans les grades inférieurs. Lorsque je serai officier, je ne pourrai plus prétendre à cette décoration qu'avec le grade de général d'armée! Patience...

21 Mai 1918.

MON CHER PAPA,

Les permissions reprennent un peu plus vite, mais c'est encore lent. Le tour ne sera certainement pas fini pour le 1er juin comme il le devait et ce n'est presque sûrement pas comme aspirant que je partirai!

Un petit calcul instructif auquel je viens de me livrer. Sais-tu à combien revient un de ces petits *coups de main* comme nous en faisons souvent et auquel le communiqué consacre juste

une ligne lorsque nous ne sommes pas *bredouilles?* Entre 3 et
400.000 francs, rien que de munitions d'artillerie !...

25 Mai 1918.

MON CHER PAPA,

Je reviens de suivre pendant deux jours un cours sur les gaz.

Le travail qui a été fait et se fait dans cette zone est
quelque chose d'inouï ; ce ne sont que routes, chemins de fer,
hôpitaux, champs d'aviation, camps, baraquements immenses,
stations d'eau, postes électriques, ponts, champs de manœuvres, etc., etc... le tout, bien entendu, créé de toutes pièces pour
la guerre. Cette pensée revient toujours que si la moitié de
cet effort avait pu être employée à des fins pacifiques, tout
notre pays aurait pu être rénové. Que de villages misérables
reconstruits, que de logis ouvriers bâtis, que de canalisations
d'eau créées partout, que d'installations électriques dans tous
les coins!

9 Juin 1918.

MON CHER PAPA,

Ma proposition pour le grade de sous-lieutenant est partie.
Ce n'est que normal, puisque ma nomination était prévue par
la décision ministérielle qui m'avait nommé aspirant pour le
14 juillet. Un rapport spécial devait signaler ceux qui étaient
inaptes. Ça n'a pas été mon cas! Je suis, en somme, assez bien
vu, quoique cavalier et n'ayant pas encore la *routine des choses
de l'artillerie,* par comparaison avec les *bluets* aspirants qui ne
connaissent rien non plus à l'arme, mais font aussi preuve quelquefois d'un manque d'esprit militaire un peu trop accusé!...

16 Juin 1918.

MA CHÈRE MAMAN,

As-tu eu l'occasion de lire le recueil de lettres de ce brave
Tripet que son père m'a envoyé et que j'ai retourné à papa? Il

s'en dégage le plus bel exemple de générosité, de sentiments exquis (filiaux et maritaux), d'ardeur, de foi en la vie et d'acceptation si noble du sacrifice...

Quelle jolie nature!...

28 Juin 1918

A son ami Paul Ganne.

MON VIEUX POLO,

Nous étions en déménagement, c'est ce qui m'a mis de quelques jours en retard pour te dire la grande joie que m'a causée la nouvelle admirable que j'apprends par une lettre empressée des parents, par des photos, par les journaux...

Tu sais trop quelle vieille affection m'attache fraternellement à toi pour qu'il me soit utile d'insister beaucoup en te disant que j'ai accueilli avec autant de joie et de fierté la brillante distinction qui t'est décernée que s'il se fût agi de mon plus proche parent.

Ton motif, mon vieux, est bien joli; témoignage de cran, de ténacité, et j'ai d'autant plus d'admiration pour les aviateurs qui, comme toi, font leur devoir avec une énergie souriante et soutenue que, tu le sais, mon enthousiasme ne s'étend pas à tous tes collègues!...

Les parents ont été bien heureux dans leur solitude de ton apparition toute auréolée de gloire...

Quelle joie et quelle fierté bien compréhensibles doit ressentir ton père!

Je pense que nous ne sommes plus aussi près l'un de l'autre qu'auparavent puisque nous avons *moved north;* nous vivons dans les bois, dans un coin très peuplé de militaires.

Ne manque toujours pas, si tu te trouves dans le secteur du 3e C. A. de venir me voir. Tu pourras bientôt te promener avec moi sans honte, puisque c'est le 14 juillet que je passe sous-lieutenant.

Je te dirai quand ce sera ma permission — mais quand? Il faudra essayer de se voir.

Au revoir, je t'embrasse affectueusement.

30 Juin 1918.

Mon cher papa,

Nous sommes toujours tranquilles ici. Je t'ai dit que nous avions relevé des Anglais. Ils ont moins le génie de l'improvisation du *confort* que l'on pourrait le croire, moins que nous, en somme. Ils vivaient ici dans ce bois qu'ils n'avaient que très peu aménagé; quelques tentes posées sommairement. Depuis que nous y sommes, nous avons tout transformé.

Nos hommes sont ingénieux et moins paresseux qu'il ne semble. Nous avons creusé, gratté, construit. Il y a tout un *village nègre* dans le bois, où se dressent maintenant bancs, tables, fauteuils, lavabos, etc... le tout dans le *style rustique*, non sans que les arbres en souffrent, bien entendu.

La seule chose que les Anglais avaient installé est un petit parcours d'obstacles pour chevaux!... Il faut d'ailleurs dire que leur tenue, et la tenue de leurs équipages surtout, a été pour nous un objet d'admiration béate... Ce sont, incontestablement, des hommes de cheval, mais le miracle est qu'ils puissent avoir en pleine guerre des attelages de batteries tenus comme le sont rarement les chevaux de maître chez nous! Chevaux parfaitement accouplés comme robe, gras, luisants, les crins soigneusement coupés, harnais passés à la cire, chaînes et boucles de cuivre brillantes comme pour un concours hippique, tout cela est admirable. Peu avant de passer devant nous, à un arrêt, on avait vu les hommes sortir chiffons et brosses, et donner un dernier coup de *fion* pour ôter les quelques grains de poussière qu'ils avaient attrapés depuis l'écurie!

Lorsqu'ils défilaient devant nous, le colonel cachait mal sa fierté. A chaque attelage il me disait avec un sourire de conten-

tement : « Now, what do you think of this set?... » Et moi de
sortir tous les superlatifs anglais que je connais ! La comparaison avec notre batterie était... navrante : conducteurs sales,
haridelles efflanquées, maltraitées, attelages lourds. Ce n'est
pas notre fort, certes !

On retrouve là la différence qui existait entre le « cabman »
de jadis, à la boutonnière fleurie, au tube luisant, au cheval
fringant et l'automédon (cher à André Colin) qui stationne à la
gare de Lyon avec son triste équipage !

Je ne partirai sûrement pas en permission comme aspirant
et mon tour arrivera peut-être plus vite de ce fait car presque
tous les officiers, je crois, ont eu déjà leur permission. Il se
pourrait donc que je parte vers fin juillet... si tout continue
ainsi.

4 Juillet 1918 (Independance day).

MON VIEUX MAURICE,

Le petit mot dans lequel je te disais que nous passions
dans quelques patelins où l'on aurait aimé s'arrêter, Pantin,
Enghien, Pierrelaye, Pontoise, a bien dû te faire comprendre
que nous quittions notre coin calme pour un secteur qui le serait
peut-être moins... En fait, nous occupons une position de
soutien et nous vivons au calme dans les bois, sans tirer. C'est
en somme du repos, mais il est certain que le secteur a tout ce
qu'il faut pour s'éveiller si besoin est. En tout cas, après cette
inaction relative, nous sommes bons pour le premier coup dur,
cela ne fait pas de doute...

Que deviens-tu? Ce retard dans les permissions est bien
fâcheux, mais il faut convenir qu'il y a des sujets de préoccupations plus graves que ces déconvenues d'ordre personnel.

On paraît maintenant résigné à admettre le mot d'ordre :
attendre les Américains. On peut avoir confiance, en effet; c'est
un flot formidable et organisé qui vient à notre secours. Mais

il est cependant pénible d'être obligé encore, après quatre ans de guerre, de subir l'initiative de l'ennemi et l'on se demande, réellement, si nous ne manquons pas un peu d'audace, d'esprit d'entreprise. Enfin, ayons confiance dans l'astuce de Foch...

6 Juillet 1918.

. MON CHER PAPA,

Rencontré l'autre jour, à l'observatoire, un Américain du service sanitaire. Il engage d'abord la conversation en français et s'amuse beaucoup ensuite de voir que je suis plus calé en anglais que lui en français.

Pour nous, toujours au repos ici, mais il est probable que nous serons de la prochaine affaire, puisque bien reposés.

Pour ma nomination de sous-lieutenant, c'est une certitude.

Je trouve que le geste de Henri Bessand est très joli, mais il me semble que l'on est bien peu généreux pour ces pauvres fantassins.

Si tout va normalement, il n'est pas impossible que je vienne en permission à la fin du mois, en des jours de souvenirs où il sera bon de ne pas se trouver seuls...

7 Juillet 1918.

MON CHER PAPA,

Je suis très heureux des fiançailles d'Henri Bessand. C'est réellement un chic type. Ce qui est amusant, c'est que je voulais lui écrire pour le féliciter et que mon intention était de lui souhaiter pour bientôt la fiancée qu'il mérite !

Je crois que le Boche doit commencer à voir que l'appoint américain n'est pas un bluff. La fête du 4 juillet a été une bonne réclame. Évidemment le temps travaille pour nous en ce moment ; mais rien n'est plus dangereux, à mon avis, que de se croiser les bras en attendant que le flot des nouveaux arrivants submerge automatiquement les barbares !... Pour vaincre, il nous

faudra le nombre, certes, mais l'esprit de décision et l'art *d'oser*
y seront pour quelque chose, sans aucun doute.

9 Juillet 1918.

A son cousin, le lieutenant Henri Bessand.

MON CHER HENRI,

Nous avons été en déplacement et c'est ce qui fait que je
ne t'ai pas écrit plus tôt, comme j'en avais l'intention. Je voulais d'abord te donner mon adresse exacte, maintenant que je
suis sur le front français, dans l'espoir que les hasards de la
guerre nous fassent nous rencontrer un jour...

J'ai suivi avec admiration, et plus que tu ne le penses, ta
belle conduite depuis la guerre et ma pensée a souvent été avec
toi. Mon père m'a parlé de ta dernière citation et m'a dit
comment ton geste généreux avait remis à... une autre fois
l'attribution de la croix qui t'était si bien due !

Mon expérience de l'infanterie (car j'ai été *cavalier à pied*
en France et en Orient) m'a montré que l'on marchandait par
trop les récompenses aux *vrais combattants* que sont les hommes
de la tranchée. Si ton lieutenant méritait la Légion d'Honneur,
la plus élémentaire justice voulait qu'on la lui attribuât en
même temps qu'à toi.

Enfin la nouvelle qui m'arrive me fait bien plaisir et je
suis heureux de te féliciter cordialement de tes fiançailles.
Coïncidence curieuse, je pensais pour toi ces jours-ci au mariage !
Et je ne sais même pas si, connaissant ta maturité et ton
caractère, je ne t'en aurais pas parlé ! C'est qu'en effet, les
désillusions que j'ai pu avoir au cours d'une vie un peu plus
longue que la tienne, n'ont fait que me confirmer dans la conviction que la vérité est de se marier jeune. Nul doute que tu ne
trouves le bonheur et... que tu ne le donnes aussi...

Tu sais que je suis dans l'artillerie de campagne après

quelques mois de cours à Fontainebleau, pendant lesquels il m'a fallu me re-familiariser avec les *sinus* et les *cosinus* quelque peu délaissés depuis longtemps ! Le métier est intéressant. Je passe sous-lieutenant le 14 juillet.

Je crois que je suis moins près de toi que je ne l'ai été ; j'avais pensé avoir la chance de te rencontrer l'autre jour ; nous sommes près de zouaves portant l'écusson deuxième, mais on m'a appris que cela n'avait rien à voir avec ton régiment. Je souhaite que nous nous retrouvions bientôt et surtout en des jours meilleurs...

Crois à mes bien affectueux sentiments.

15 Juillet 1918.

Mon cher papa,

Je suis trop fatigué pour écrire longuement ; nous marchons, marchons (soixante kilomètres cette nuit !)

Quand je serai un peu reposé, donnerai d'autres nouvelles.

A part cela je vais très bien, santé et moral.

Je vous embrasse tendrement.

Quelle pluie cette nuit !

Regarde communiqué du 12, vingt-trois heures, nous y étions ; bombardement fou de notre part.

20 Juillet 1918.

Mon cher papa,

Je reçois le mot de maman du 17 et je vois par conséquent que vous me savez un peu dans le mouvement en avant... Les opérations semblent bien marcher dans l'ensemble et, jusqu'à présent, le Boche ne paraît guère réagir sérieusement. C'est un joli succès pour nous, qui pouvions nous croire, après ce qui était arrivé et que l'on avait écrit, tout juste capables de tenir, d'avoir paré le gros coup de Champagne et porté un autre ici! Attendons la suite et les conséquences heureuses.

Nous sommes beaucoup moins fatigués maintenant que pendant les marches de concentration. C'est la guerre de mouvement. On ne se lave plus, on dort où et quand on peut et, en somme, on se porte bien : le moral est bon, on est heureux de voir du pays conquis, — reconquis seulement!

Toujours pas de nouvelle de ma nomination! Naturellement les permissions sont suspendues de nouveau, mais on s'en console en voyant les résultats actuels...

Je vous embrasse tendrement.

J. B.

EN SOUVENIR...

10 Août 1918.

Monsieur,

C'est par votre lettre, reçue le 8 août, que j'ai appris la mort de votre cher fils.

Je viens vous dire combien je suis touché de la bonté que vous avez eue de me faire savoir votre deuil et vous assurer de toute la part que je prends à votre grande douleur.

J'avais pu apprécier les solides qualités de votre fils et je sais tout ce que vous perdez. Votre fils était un soldat modèle. Il remplissait avec cœur ses fonctions ingrates de sous-officier; ne négligeant aucun détail, payant énormément de sa personne, donnant à tous l'exemple, il a exercé sur ses camarades et sur ses hommes une énorme influence. Sa seule ambition était de servir la France et il ne regrettait pas de rester sous-officier, se disant que vivant avec les hommes il avait ainsi sur eux une plus grande influence.

J'aurais cependant bien voulu voir reconnaître autrement ses mérites. Il n'aura pas connu ce galon d'officier qu'on lui avait promis!

Je n'avais pas vécu si longtemps en Orient avec votre fils sans avoir conservé pour lui une vive sympathie et nous échangions, de temps à autre, une lettre; je m'intéressais toujours beaucoup à lui et, croyant la chose faite, je lui avais adressé une lettre de félicitations à l'occasion de sa nomination de sous-lieutenant.

Veuillez, ie vous prie, agréer, Monsieur, ainsi que Madame Bessand, l'hommage de mes sentiments de très respectueuses condoléances.

Signé : R. OUDIN,

Capitaine au 13ᵉ Chasseurs.

9 Août 1918.

MONSIEUR,

C'est avec un profond chagrin que j'ai appris par les journaux la mort de votre fils Jean. Déjà durement éprouvé l'année dernière, voici que s'abat sur vous ce terrible coup. J'avais pour Jean une sincère amitié et un de mes regrets a été que la guerre, après nous avoir réunis, nous ait si tôt séparés. En Orient, je puis dire qu'il a été mon meilleur camarade et que, grâce à lui, la vie m'y fut moins dure. Nous avons habité longtemps la même tente et j'ai pu apprécier de près les belles qualités que sa réserve excessive essayait de tenir cachées. Il avait une grande droiture de caractère, un courage et un sang-froid que tous admiraient, un tact parfait pour commander, encourager et entraîner ses hommes, ne redoutant jamais de donner l'exemple du sacrifice et de l'énergie. Sous une enveloppe un peu froide, il cachait un cœur d'or. Son meilleur moment était l'heure où il recevait des nouvelles des siens et où, à son tour, il faisait sa correspondance. Très généreux, Jean partageait avec ses camarades tous les colis qu'il recevait et, pour ma part, j'en ai souvent profité. Sa conversation était intéressante, enjouée et spirituelle, mais toujours ferme quand il s'agissait de défendre les principes. Grâce à sa loyauté, à son intelligence et à son caractère, il avait acquis une réelle influence sur ses hommes et sur ses camarades.

Monsieur, quelle que soit votre douleur, soyez fier de votre fils, de sa vie et de sa mort, qui est la plus glorieuse qui soit. De tout mon cœur, je prends part à votre dure épreuve et je prie Dieu qu'il vous donne la force de souffrir et d'espérer. Notre foi de chrétiens ne nous offre-t-elle pas d'admirables consolations en nous montrant la mort, non comme un anéantissement de ceux que nous aimons, mais comme une séparation momentanée que Dieu permet pour notre bien ? Oui, vos souffrances et vos larmes sont recueillies par Lui et, un jour, Il vous rendra, glorieux et éternellement heureux, vos deux enfants, morts tous les deux héroïquement.

Demain, je célébrerai la Sainte Messe pour le repos de l'âme de Jean.

Je vous prie, Monsieur, d'agréer, ainsi que Madame Bessand, l'hommage de mon respect et de ma profonde sympathie.

Signé : Roland GOSSELIN,

Aumônier au 28ᵉ Dragons,
Secteur postal 37.

Grangeneuve, La Louvesc (Ardèche).

9 Août 1918.

MON CHER AMI,

Voici encore un coup bien dur après le premier et je ne saurais vous dire combien je suis désolé.

J'avais pour votre fils la plus grande sympathie. C'est une grande perte pour vous et aussi pour le pays. Comment remplacer des hommes de cette valeur ?

Il y avait en votre fils un parfait équilibre de dons. On sentait en lui la bonté, le jugement, l'ordre, le goût du travail, le sentiment du devoir. Rien de plus rare que de tels sujets.

Vous pouvez trouver la consolation de ce grand malheur

dans la conviction qu'il a contribué à sauver notre France et qu'il a succombé en héros. Je suis désolé.

Ma femme se joint à moi pour vous envoyer, ainsi qu'à tous les vôtres, nos plus sincères condoléances.

Bien à vous.

Signé : Gabriel BONVALOT.

15 Août 1918.

MONSIEUR,

Je m'excuse de ne pas vous avoir envoyé plus tôt mes sentiments de condoléances et de sympathie pour le grand malheur qui vous a frappé.

Votre fils, le sous-lieutenant Bessand, était aimé et apprécié de tous, chefs et camarades.

Pendant son passage à la batterie, il n'a cessé de donner l'exemple du courage et de la belle tenue, et sa belle conduite antérieure à Salonique était connue de tous. Aussi sa mort a-t-elle vivement frappé tout le monde.

C'était le 20 juillet au soir ; il était près de la batterie à son poste de combat ; l'artillerie ennemie, peu active, envoyait cependant quelques obus à proximité. L'un d'eux tomba plus près. Un certain nombre d'hommes de la batterie furent blessés ; votre fils reçut un éclat à la tête qui traversa le casque. Il mourut peu de temps après sans avoir souffert.

Toute la batterie, malgré la difficulté du moment, a tenu à assister à l'inhumation qui eut lieu dans un cimetière où vous retrouverez sa tombe près de la ferme Nadon, route de Corcy à Saint-Rémy Blanzy, à l'est de la forêt de Villers-Cotterets.

Je me rends compte de tout ce que ces détails ont de cruel, mais j'ai tenu à vous les donner pour vous prouver la sympathie dont votre fils était entouré et le vide que sa mort a laissé parmi nous.

J'espère que les sentiments de condoléances et de sympathie, que je vous envoie en mon nom et au nom de la batterie entière, contribueront à adoucir un peu votre douleur.

Je vous prie, Monsieur, de recevoir l'expression de mes respectueux sentiments.

Signé : Capitaine SAVARE,

Commandant la 2ᵉ Batterie du 45ᵉ Régiment d'artillerie,
Secteur Postal 93.

9 782329 816852